Verlag Bibliothek der Provinz

Schöne Geburtstagträume!

Schloss Greillenstein

KURT & ANDREAS SATZER

GEHEIMNISVOLLE MAUERN

Niederösterreichs Burgen, Schlösser und Ruinen

EIN WORT ZUVOR

Niederösterreich hat als Grenzland in den vergangenen tausend Jahren viel über sich ergehen lassen müssen. Aus dem Norden und dem Osten drangen immer wieder Eroberer in das Land vor, und dieser Umstand machte starke Befestigungen und Burgen notwendig. In unserem Bundesland gibt es daher eine sehr große Anzahl von diesen historischen Burgen, Schlössern und Ruinen. Viele davon gut erhalten oder restauriert, aber auch viele zu geheimnisvollen Mauerresten zerfallen.

»Es sind verlorene Welten, bei denen sich die Grenze zwischen Wirklichkeit und Traum, zwischen Dichtung und Wahrheit verwischt. Ihr Reiz liegt in der Verschmelzung von Geschichte und Legende. Sie scheinen der Phantasie und Einbildungskraft entsprungen. Obwohl meist zu Ruinen verfallen und zum Schweigen verdammt, sind diese Bauten erfüllt von Erinnerung an eine geheimnisvolle Vergangenheit«. (Henri-Paul Eydoux)

SCHLOSS RIEGERSBURG

6   Ruine Aggstein

8 Ruine Araburg

Ruine Dürnstein ▶

◀ Ruine Eibenstein

Ruine Emmerberg

12 SCHLOSS ERNSTBRUNN

RUINE FALKENSTEIN 15

16 Ruine Freienstein

RUINE HAINBURG

Ruine Hartenstein

Burg Hardegg

26   WASSERBURG HEIDENREICHSTEIN

Ruine Hohenegg

30 Ruine Hollenburg

Schloss
Jedenspeigen

Ruine Kamegg ▸

Ruine Kammerstein　　　　　　　　　　Ruine Kollmitz

36 BURG KREUZENSTEIN

RUINE KRONSEGG

38 RUINE LICHTENFELS

40 RUINE MERKENSTEIN

RUINE MOLLENBURG ▶

42 Burgschloss Ottenstein

Burg Pöggstall ▸

Ruine
Pottenburg

Schlossruine
Pottendorf ▶

◂ Burg Raabs

Burg Rappottenstein 47

48 BURG RASTENBERG   RUINE RAUHENSTEIN ▶

50   SCHLOSS RIEGERSBURG

Die Rosenburg 51

52 Ruine Scharfeneck

RUINE SCHAUENSTEIN 53

54   SCHLOSS SCHÖNBÜHEL   RUINE SCHWARZAU ▸

56 Ruine Schwarzenbach

58 RUINE SENFTENBERG

RUINE SICHTENBERG 59

60 Kirchenruine St. Cäcilia

RUINE STAATZ   61

62 RUINE STARHEMBERG

SCHLOSS STARREIN 63

◂ Schloss Steinabrunn

Schloss Stockern

Ruine Streitwiesen

RUINE THERNBERG

◂ SCHLOSSRUINE VIEHOFEN

SCHLOSS WALPERSDORF

Ruine Weitenegg

RUINE ZELKING

Türklopfer, Burg Kreuzenstein

RUINE AGGSTEIN
in der Wachau

Die Hunde von Kuenring

Atemberaubend kühn thront die mächtige Ruine auf ihrem Steilfelsen 300 Meter über der Donau, weithin sichtbar, egal, von welcher Richtung man sich ihr in der Wachau nähert. Die nordöstlich von Melk das rechte Donauufer überragende Ruine Aggstein gehört zweifellos zu den schönstgelegenen Ruinen Österreichs.

Um das Jahr 1100 entstand auf dem entlegenen »Aggstein« ein erster Burgenbau unter den Hochfreien von Aggsbach-Werde. 1180 ließen die Hochfreien von Aggswald-Gansbach, die möglicherweise der Kuenringer-Sippe angehörten, die mächtige Hochburg errichten.

Was am 30. November 1230 im südwestlich gelegenen Lilienfeld beigesetzt wurde, waren ausgesottene Knochen des Herzogs Leopold VI., der am 28. Juli 1230 unerwartet in Italien verschieden war. Man hatte ihm das Herz aus dem Leib geschnitten, die rechte Hand abgeschlagen und den Leichnam nach einem zu der Zeit vielfach verübten Verfahren ausgekocht.

Nach der Bestattungszeremonie bemächtigten sich die Herren von Kuenring des herzöglichen Schatzes. Heinrich und Hadmar, die »Hunde«, wie sie sich nach ihrem Großvater Heinrich von Mistelbach gern nannten, hatten sich an der Spitze von einigen Adeligen gegen Leopolds Sohn, den 18-jährigen Herzog Friedrich II., später der »Streitbare«, verschworen. Mit ihren Verbündeten beherrschten die Hunde die Schlüsselpositionen des Landes, vom einsamen Weitra im »Nordwald« bis zum Donauübergang bei Klosterneuburg, von der Wachau bis an die March. Die Kuenringer und ihr Anhang kämpften um die Anerkennung des Ministerialenadels, dem sie angehörten. Völlig vom Herzog und seiner Gunst abhängig, vom Hochadel durch unüberwindbare Standesschranken getrennt, wollten die um das Herzogtum hochverdienten Kuenringer mit ihren Standesgenossen dem Hochadel gleichgestellt werden. Hadmar auf Aggstein sicherte das rechte Donauufer und hielt mit den Leuten seines Bruders Heinrich auf Dürnstein die Passauer, Melker und Göttweiger Geistlichkeit nieder. Krems hatten sie niedergebrannt.

Doch die Rechnung der Rebellen ging nicht auf. Unbeeindruckt sammelte der junge Herzogssohn Friedrich ein Heer, mit dem er sich vor Weihnachten am linken Donauufer festsetzte. Im Januar und Februar des Jahres 1231 gelang es dem Feldherrn, Dürnstein und Aggstein zu brechen und schon im April war das befestigte Zwettl besetzt. Friedrich ließ hier eine Anzahl Gefangener über die Klinge springen und Mitte des Monats musste auch Heinrich von Kuenring auf der Burg Weitra kapitulieren. Friedrich gewährte ihm jedoch Gnade.

Im Zuge dieser Fehde wurde Aggstein zerstört und lag lange Zeit öde, bis 1429 von Herzog Albrecht V. »das öde Haus, genannt Aggstein, im Wolfsteiner Landgericht gelegen, das einst Untaten wegen gebrochen worden ist«, an seinen Kammerherrn Georg Scheck von Wald verliehen wurde. Dieser »Schreckenwalder« neigte zu Jähzorn und Gewalttaten und soll der erste gewesen sein, der vom sagenumwobenen »Rosengärtlein« regen Gebrauch machte. Die Gefangenen konnten zwischen einem langsamen Hungertod oder dem Sprung in die Tiefe wählen, was einen schnellen Tod bedeutete.

Wegen tatkräftiger Unterstützung des Bruderstreits zwischen Kaiser Friedrich III. und Albrecht VI. verlor Georg Scheck im Jahre 1463 seine Güter, darunter auch Aggstein. Er soll einen elenden Tod als Bettler gestorben sein.

Auch Schecks Nachfolger Georg von Stain und Ulrich von Grafeneck waren gewalttätige Burgherren und in mancherlei Landeswirren verstrickt. Seit 1478 war Aggstein nur mehr behelfsmäßig von Pflegern bewohnt, 1529 wurde es von marodierenden Türken gestürmt.

1620, zu Beginn des Dreißigjährigen Krieges, diente Aggstein als Fluchtburg für die geplagte Bevölkerung, nach der Vereinigung mit der Herrschaft Schönbühel begann jedoch ihr endgültiger Verfall. Im Jahre 1784 wurde die letzte Messe in der Burgkapelle gelesen.

Die Leute erzählten sich Sagen und Legenden über das »weltabgelegene Gemäuer«:

Die Gefangennahme Hadmars

»Nur der einstürzende Himmel kann unsere Burg bezwingen«, war der stolze Wahlspruch der gefürchteten Hunde von Kuenring. Jedes Schiff, das donauabwärts fuhr, wurde von ihnen überfallen und geplündert, bis auf Rat des babenbergischen Hofnarren zu Regensburg ein Schiff mit kostbarer Ladung den Strom hinabgeschickt wurde.

Voller Übermut zwang Hadmar das Schiff zur Landung, sprang mit seinen Leuten an Deck und ließ den Kapitän binden. Im Inneren des Schiffes waren jedoch schwerbewaffnete Soldaten des Herzogs versteckt, die das Raubgesindel bald überwältigt hatten. Hadmar wurde an den Mast gebunden und voller Stolz fuhr man nach Wien. Auch die nun herrenlose Feste Aggstein wurde gestürmt und niedergebrannt.

Von nun an konnten die Donauschiffer wieder aufatmen, der Strom war frei!

Steil windet sich das schmale Sträßchen durch dunklen Laubwald den Burghügel hinauf, oben wurden große Parkplätze geebnet. Ich wandere hinauf zu den pittoresken Gneisfelsen, die eine erhabene Aussicht über das sagenumwobene Gemäuer und das Donautal bieten.

Ich genieße den Augenblick und halte Ausschau – wie Hadmar in alten Zeiten …

RUINE ARABURG
bei Kaumberg

Der einsame Adlerhorst

Südlich von Kaumberg, zwischen Hainfeld und Altenmarkt an der Triesting, ragen die einsamen Mauern der Araburg, einer der höchstgelegenen Ruinen Niederösterreichs, empor.

Die Araburger des 13. Jahrhunderts führten einen Adlerkopf im Wappen und von ihrer entlegenen Burg sah man weit gegen Osten, bis nach Wien.

Es waren gewalttätige und räuberische Herren, die in Dauerstreit mit dem Stift Lilienfeld lagen und sich gerne am Klostergut vergriffen. Um ihrem mörderischen Treiben ein Ende zu setzen, musste sich der Wiener Hof mit dem Lilienfelder Abt wirkungsvolle Abwehrmaßnahmen einfallen lassen.

Vom 14. bis ins 16. Jahrhundert hatte die Araburg verschiedene Besitzer, bis die schwer verschuldete Burg zu Beginn des 17. Jahrhunderts an die reiche Familie Jörger kam.

Helmhard Jörger war das Oberhaupt der Protestantenpartei in Niederösterreich und unter seiner Führung gewann der neue Glaube rasch an Boden. 1619 stand Jörger mit Thonradl von Ebergassing vor Kaiser Ferdinand II. und forderte im Namen seiner Glaubensgenossen mehr Freiheiten und Zugeständnisse.

Um 1620 erwarb das Stift Lilienfeld die Herrschaft Araburg und erneuerte die Burg nur notdürftig.

Im Jahre 1683 mussten sich die Mauern bewähren. Die Herren von Stift Lilienfeld und viele Kaumberger hatten sich vor den anrückenden Türken in die einsame Feste gerettet und sahen am Morgen des 18. Juli mit Entsetzen, wie das benachbarte Hainfeld in Flammen aufging. Die Dörfer ringsum brannten schon tagelang, die türkischen »Renner und Brenner« kannten keine Gnade. Auf den Feldern türmten sich die Leichen der Erschlagenen, auch von Frauen und Kindern, die Bauern wurden scharenweise an Pferde gebunden und in die Knechtschaft verschleppt.

Am 24. Juli waren nur mehr wenige Trupps vor der Burg und den eingeschlossenen Hungernden nahte Hilfe. Stift Lilienfeld hatte eine Streitmacht von 150 Mann auf die Beine gestellt, die nun anrückte. Doch es war hoffnungslos. Im Herbst des Jahres 1683 wurde die »Adlerburg« von den Türken überrannt und niedergebrannt.

Seither ragten ihre bleichen Kalksteinmauern in den Himmel, bevor sie im 19. Jahrhundert erstmals gesichert wurde.

Es ist ein herrlicher Tag im September. Ich wandere den windungsreichen Pfad durch den Fichtenwald hinauf zu einem Aussichtsplätzchen neben der Ruine, das ich noch von früher kenne. Doch die Lärchenbäume sind mittlerweile gewachsen und der Blick zu den hochaufragenden Mauern wird erschwert. Durchs Burgtor und über steile Treppen gelange ich auf den restaurierten Bergfried, auf dem heute ein kräftiger Wind pfeift.

Weit schweift von hier der Blick in alle Himmelsrichtungen, doch keine Feinde sind mehr zu entdecken. Auf dem »Adlerhorst« ist es friedlich geworden.

RUINE DÜRNSTEIN
in der Wachau

Richard Löwenherz' Gefängnis

Der Babenberger Herzog Leopold V. und der englische König Richard Löwenherz waren während des Dritten Kreuzzuges ins Heilige Land Bundesgenossen und kämpften gemeinsam gegen die Ungläubigen. Als jedoch Leopold auf den Zinnen des eroberten Akkon die österreichische Fahne aufpflanzen ließ, platzte dem ehrgeizigen Richard der Kragen und er ließ sie durch den Dreck schleifen. Leopold war darüber sehr erzürnt und verließ mit dem ebenfalls von Löwenherz beleidigten König von Frankreich das Heilige Land.

Auch der englische König folgte ihnen bald, denn alleine konnte er gegen die Sarazenen wenig ausrichten. Auf seiner Heimreise kenterte jedoch das Schiff in der nördlichen Adria und er musste seinen Weg durch österreichisches Gebiet fortsetzen. Richard verkleidete sich als Pilger, wurde aber an seinem Ring, den er vergessen hatte abzustreifen, in einem Wirtshaus in Erdberg bei Wien erkannt. Nun konnte Herzog Leopold Rache nehmen.

Er ließ Löwenherz als Gefangenen auf die Burg Dürnstein bringen, wo ihn Leopolds getreuer Burgherr Hadmar II. von Kuenring in Empfang nahm. Das war zu Weihnachten 1192.

Am 3. Januar des Jahres 1193 nahm Herzog Leopold mit einer Hundertschaft von Rittern seinen hohen Gefangenen mit auf den Reichstag nach Regensburg, um ihn Kaiser Heinrich VI. zu übergeben. Man beriet über das Lösegeld und vor allem darüber, wie viel davon Herzog Leopold und wie viel dem Kaiser zustünde. Man konnte sich nicht einigen und aus Angst, der Kaiser könnte Leopolds Gefangenen mit Gewalt entführen, ließ Herzog Leopold Richard Löwenherz heimlich nach Dürnstein zurückschaffen. Im März konnte man sich schließlich einigen und setzte die Summe auf 150 000 Silbermark fest. Das waren über 35 Tonnen Silberbarren, eine gewaltige Summe, die für England ein nationales Unglück bedeutete.

Richard wurde auf die deutsche Burg Trifels gebracht und durfte bald darauf nach England zurückkehren.

Herzog Leopold erhielt 50 000 Mark und befestigte damit die Städte Wien, Wiener Neustadt und vor allem Hainburg.

Um 1140 hatte Albero III. von Kuenring am Berghang oberhalb der befestigten Mautstelle die Burg errichten lassen. Beim Adelsaufstand 1231 gegen die Babenberger hatten die Kuenringer das Nachsehen und ihre Burgen wurden erobert, auch Dürnstein.

Im Jahre 1296 richtete sich der Hass gegen die Landesfürsten aus dem Hause Habsburg und wieder wurde Dürnstein eingenommen. Wenige Jahre darauf erhielten die Kuenringer ihren Besitz zurück. Nach ihrem Aussterben 1355 kam die Burg an die Habsburger, die sie aber verpfänden mussten.

In den Jahren 1428 und 1432 fielen hussitische Krieger plündernd über Dürnstein her. Burgherr Otto von Maissau stand unter Verdacht, mit den böhmischen Ketzern unter einer Decke zu stecken. Als Gefangener auf der Burg Gutenstein gestand er schließlich und verlor daraufhin fast alle Besitztümer, darunter auch Dürnstein.

1477 und 1485 kamen nochmals die Ungarn und im 16. Jahrhundert begann Dürnstein langsam zu veröden. Als 1645 die Schweden unter Torstenson ausrückten, eroberten sie die baufällige Feste im Sturm. Sie richteten sich für ein Jahr in der Burg ein und sprengten sie bei ihrem Abzug im Jahre 1646 in die Luft.

Bis 1679 war Dürnstein noch zeitweise bewohnt, 1683 war die Feste Fluchtort vor den Türken, doch dann blieb sie endgültig der Natur überlassen.

Es ist beinahe unglaublich, was diese atemberaubend kühn zwischen bizarren Gneisfelsen aufragende Ruine in ihren 500 Jahren »erlebt« hat. Kurvenreich windet sich der steinige Pfad hinauf zu den zerfetzten Mauern, die voller Trotz in den blauen Maihimmel ragen. Die Restaurierungen fielen hier erfreulich dezent aus! Der weite Rundblick über das Donautal, den Ort Dürnstein mit seinem blauen Stiftsturm, die Dörfer und Weinberge ist unvergleichlich und deshalb ist man auch selten alleine hier oben.

Ich erkunde das Gemäuer von allen Seiten und komme mir fast vor wie der Sänger Blondel, der vor 800 Jahren seinen Herrn Richard Löwenherz in aller Herren Länder suchte und schließlich hier auf Dürnstein fand.

RUINE EIBENSTEIN
an der Thaya

Gleich einem steinernen Throne

Auf einem Felsen wenige Kilometer östlich von Raabs, der »gleich einem steinernen Throne« (Franz Kießling) über der Thaya aufragt, liegen die bizarren Mauertrümmer von Eibenstein.

Die Burg des Riwin de Iwenstein wird 1192 erstmals genannt und gehörte zur Burgenkette am Thayaufer, zwischen den Festen Drosendorf und Raabs. Eibenstein diente der Sicherung eines alten Weges über die Thaya und kam 1220 an die babenbergischen Landesfürsten.

Im Jahre 1278 ließ Ottokar von Böhmen hier seine Truppen auf dem Marsch zur entscheidenden Schlacht an der March gegen König Rudolf übersetzen.

Das Geschlecht der Eibensteiner starb erst im 16. Jahrhundert aus. Unter den nachfolgenden Besitzern begann der Verfall der nutzlos gewordenen Burg. Später hauste noch gelegentlich armes Volk in den alten Mauern.

Gegenüber von einem lärmenden Steinbruch führt ein kurzer schmaler Pfad hinauf zu den geheimnisvollen Resten. Durch ein Rundbogentor gelange ich in den an diesem Nachmittag düsteren Burghof, denn die tiefstehende Sonne wird von den mächtigen Bergfriedresten verdeckt. Unterhalb des Turmes scheint eine gut erhaltene alte Rauchküche wie aus dem Felsen zu wachsen und teilweise kühne Pfade führen in alle Winkel des Gemäuers. Auch ein Gedenkstein steht im Hof, wahrscheinlich das Ergebnis allzu waghalsiger Kletterei.

Ich folge einem der Pfade, der mich auf die Außenseite der Ruine zu einem gemütlichen Aussichtsplätzchen führt, wo ich an eine der zahlreichen Legenden von Eibenstein denke:

Schreckenstein

Auf der Burg Eibenstein hauste einst ein furchtbarer Raubritter. Er brandschatzte die ganze Gegend, sodass ihm die Bauern Rache schworen. Oft lauerten sie ihm auf, ohne ihn jedoch erwischen zu können, denn er hatte seinem Pferd die Hufeisen verkehrt herum angenagelt. Außerdem benutzte er Geheimgänge, um ungesehen in die Burg und wieder heraus zu gelangen. Das Volk meinte schon, es gehe nicht mit rechten Dingen zu und der Ritter sei der Teufel. Doch eines Tages wurde seine List von einem Knecht verraten und die Burg daraufhin gestürmt. Der Ritter sprang auf der Flucht mit seinem Pferd hinunter zum Fluss. Er ritt Richtung Primmersdorf, und als er bei einem Felsen, der knapp an der Thaya aufragt, anlangte, wandte er seinen Blick zurück. Seine Burg stand in Flammen. Darüber erschrak der böse Eibensteiner so sehr, dass er zu Stein erstarrte. Seither heißt dieser Felsen »Schreckenstein« und noch heute zeigt sein oberer Teil das behelmte Haupt eines Ritters.

RUINE EMMERBERG
in der Prossetschlucht

Eine Burg, die nie belagert wurde

Westlich von Wiener Neustadt in beherrschender Lage am Ende der Prossetschlucht zur »Neuen Welt« hin erhebt sich die mächtige Ruine Emmerberg auf dem mit Schirmföhren bewachsenen »Eimerberg«.

An einem stürmischen und kühlen, jedoch prächtigen Oktobertag wandere ich durch die etwas steile Kastanienallee und weiter über die Schotterstraße hinauf zur Ruine.

Durch zwei schön gearbeitete Spitzbogentore und vorbei an überwucherten Mauerresten gelangt man in den Hof, wo die gewaltigen Palasmauern in den Himmel ragen.

Zwischen knorrigen Kiefern liegen Mauerreste der kleinen Kapelle und von hier bietet sich ein weiter Blick über den Talkessel der »Neuen Welt« bis hinüber zum Schneeberg. Die drei Stock hohe und fünf Meter starke Schildmauer mit der zehn Meter langen Tordurchfahrt, in der noch tiefe Karrenspuren im Kalkstein zu sehen sind, bietet einen Ehrfurcht gebietenden Anblick.

Hier baue ich mein Stativ auf. Wie gewünscht, habe ich Gegenlicht und durch das windige Wetter wechseln Wolken und Sonne einander regelmäßig ab. Dann streife ich weiter durchs Ruinenfeld, doch ist Vorsicht ge-boten, denn die bizarren Kalkfelsen mit dem pittoresken Kiefernbewuchs fallen oft senkrecht in die Tiefe ab. Überall ragen zerfetzte Mauern empor und noch wurde nichts restauriert – eine herrliche Atmosphäre.

Emmerberg war eine der uralten Grenzburgen der Karantanischen Mark, also Kärntens, das seit dem 9. Jahrhundert existierte.

Die seit 1170 genannten Emmerberger führten einen blauen Eimer in ihrem Wappen.

Berthold IV. von Emmerberg soll in der Schlacht bei Jedenspeigen am 29. August 1278 angeblich Böhmenkönig Ottokar II. erstochen und sich so dafür gerächt haben, dass dieser seinen Oheim Seyfried von Merenberg auf grässliche Art hinrichten hatte lassen.

Die Burg wurde bis ins 15. Jahrhundert stark befestigt, musste jedoch nie verteidigt werden und erwies sich im 17. Jahrhundert angesichts drohender Türkeneinfälle bei einer Inspizierung als untauglich.

Im Jahre 1706 kam die Herrschaft an die Grafen Heussenstein, die auch die nahegelegene Ruine Starhemberg besaßen. Doch der Erhalt kostete viel Geld und die Grafen Heussenstein waren ohnehin in finanzieller Not. 1760 verkaufte Heinrich Graf von Heussenstein den Dachstuhl aus Eichenholz, denn für abgedeckte Gebäude brauchte man keine Steuern zu zahlen. Bald darauf verkaufte er auch die Herrschaft und im Jahre 1821 ließ der Besitzer Alexander Wilhelm von Wartensleben Steine aus der Burg brechen, die er zum Bau für ein Gestüt am Fuße des Burgberges verwendete. Doch auch Wartensleben musste Konkurs anmelden und das Gestüt verfiel ebenso wie Emmerberg.

So blieb diesen beiden Besitzern der traurige Ruhm vorbehalten, aus Unverstand und Habgier die Zerstörung der einstmals so stolzen Festung veranlasst zu haben.

Zur Entstehung des Namens »Emmerberg«:

Friedrich der Streitbare, der letzte Babenberger, frönte in den Wäldern oberhalb des Prossetbaches seiner Jagdleidenschaft, als er einem hübschen Knaben begegnete. Es war der Sohn des Mesners einer Bergkapelle, der unter großen Mühen einen Eimer Wasser den Berg hinaufschleppte. Der Junge gefiel dem Herzog, er half ihm und begleitete ihn zu seinem Vater, den er darum bat, die Erziehung des Knaben übernehmen zu dürfen. Friedrich nahm den Jungen mit nach Wiener Neustadt, wo er ihn von den besten Lehrern ausbilden ließ und ihn mit reichen Geschenken überhäufte, sodass dieser sich später die Burg Prozath kaufen konnte, die er in Erinnerung an jenen Eimer Wasser, den ein Herzog für ihn auf den Berg getragen hatte, »Eimerberg« nannte. Daraus wurde später »Emmerberg«.

SCHLOSS ERNSTBRUNN
im Weinviertel

Das uralte und unordentlich durcheinandergebaute Schloss

Am Rande des Naturparks »Leiser Berge«, wenige Kilometer westlich von Mistelbach, steht das ausladende Schloss Ernstbrunn inmitten seines weitläufigen Parks.

Am Beginn der Schotterstraße, die zum Schloss führt, steht ein verwitterter Obelisk für den Grafen Saurau, oberster Hofkanzler, Freund und Zeitgenosse des Fürsten Prosper von Sinzendorf, im Acker. Ernstbrunn gelangte im Jahre 1592 in den Besitz der Sinzendorfer und im 18./19. Jahrhundert ließ Prosper das Schloss klassizistisch umbauen und den herrlichen Landschaftspark mit Bäumen und Steinskulpturen anlegen. Die Steinfiguren dürften ihm möglicherweise missfallen haben, denn im Parkgelände fand man 43 davon vergraben.

Vorbei am barocken Schüttkasten mit seinen zerbrochenen Fensterscheiben und verrosteten Gittern gelangt man bald zum Schloss, vor dem ein Steinbrunnen des 17. Jahrhunderts mit dem Stammbaum der Sinzendorfer in der Wiese steht. Über dem Tor hängt das Wappen der Sinzendorfer, zwischen den alten Bäumen und Büschen sind skurrile, bemoste Steinskulpturen zu entdecken und über allem schwebt eine eigenartige und geheimnisvolle Atmosphäre.

An einem windigen und kalten Apriltag wird dieser Eindruck durch die altersgrauen und maroden Mauern des Schlosses noch verstärkt.

Vor über 900 Jahren wurde hier zusammen mit dem nahegelegenen Markt Ernstbrunn eine Wehranlage gegründet. Vermutlich um 1055 entstand auf dem Felsen am Hang des Semmelberges ein Festes Haus, das im 12. Jahrhundert zur Burg mit Bergfried, Palas und Kapelle erweitert wurde. Auf der Burg saßen die Schaunberger und Maissauer, bevor sie im 15. Jahrhundert an den Landesfürsten fiel. 1592 wurden die Sinzendorfer Herren am Semmelberg und Rudolf Graf Sinzendorf ließ nach 1654 den weitläufigen Schlosskomplex errichten, der von Fürst Prosper zu einer Vier-Höfe-Anlage vollendet wurde.

RUINE FALKENSTEIN
im Weinviertel

Der Schwed' wird kema

Vor fast 500 Jahren hatten sich bescheidene Wiedertäufer, wegen ihrer Gesinnungstreue aus Mähren vertrieben, im nahen Ort Steinabrunn zu einer heimlichen Versammlung getroffen. Auf höchsten Befehl wurden die Männer, Frauen, Greise und Kinder von einem kaiserlichen Hauptmann mit seinen Schergen auf die Burg Falkenstein gebracht, deren dunkle Verliese weithin gefürchtet waren. Hier wurden die Familien auseinandergerissen, Männer und Knaben, die kaum 15 Jahre alt waren, in Ketten gelegt und nach Triest verfrachtet, wo sie als Galeerensklaven für ihren angeblichen Irrglauben büßen mussten. Nur wenigen gelang die Flucht aus dieser Hölle. Die Frauen, Mädchen und kleinen Buben wurden freigelassen, ihnen jedoch die weitere Ausübung ihres Glaubens verboten. Da sie sich nicht daran halten wollten, lebten sie nun in Höhlen oder flohen über die March nach Ungarn.

Ein dunkles Kapitel von Falkenstein, das mir in den Sinn kommt, als ich an einem heißen Juninachmittag den breiten Weg hinauf zur herrlich gelegenen Ruine wandere.

Die weithin sichtbare Burg auf den steilen Kalkfelsen oberhalb des Weinortes stammt aus dem 11. Jahrhundert und wurde von Kaiser Heinrich III. zur Reichsfeste erklärt, als er um 1040 die so genannte »Böhmische Mark« gründete und die Thaya endgültig als Grenze festsetzte.

Bis ins 17. Jahrhundert wurde Falkenstein zur mächtigen Festung ausgebaut, konnte jedoch im Dreißigjährigen Krieg dem Ansturm der Schweden nicht standhalten; im Jahre 1645 wurde sie erobert und zerstört. Eine Sage erzählt, wie es möglicherweise dazu kam:

Als die Schweden die alte Burg belagerten, vergrub der Burgherr seine Schätze und flüchtete durch einen Geheimgang nach Steinabrunn. Nur die Köchin blieb zurück und wurde von den Besatzern wiederholt aufgefordert, die Festung zu übergeben.

Als sie einmal beim Fenster hinausblickte, fiel ihr der Schlüssel, den sie in Händen hielt, in den Burggraben, worauf die Soldaten in die Burg eindringen konnten. Sie marterten die Köchin und mauerten sie schließlich lebendig ein; der Schatz konnte von ihnen jedoch nicht gefunden werden. Angeblich sitzt der Teufel darauf und nur während einer Mitternachtsmette kann er gehoben werden ...

Nun ja, da ich nicht zur Mitternachtsstunde da bin, kann ich mir die Schatzsuche wohl auch sparen!

Durch ein Tor gelangt man ins weitläufige Ruinenareal, das für die Bevölkerung im Türkenjahr 1683 ein wertvoller Zufluchtsort war und danach bis ins 18. Jahrhundert nur noch fallweise von Jägern bewohnt wurde. Ab 1820 diente es als Steinbruch.

Ich genieße die Stille ringsum und streife auf der Suche nach Motiven durchs Gemäuer bis zum höchsten Punkt der Anlage, wo der weite Ausblick bis hinüber nach Mikulov reicht.

Dabei denke ich nochmals zurück an die Schwedenzeit, als die Leute reimten:

»Der Schwed' wird kema, wird d'Leut wegnehma, wird d'Fenster einschlog'n und s'Blei davontrog'n, wird Kugl'n draus giaß'n und d'Leut niederschiaß'n! Bet's Kinda, bet's!«

RUINE FREIENSTEIN
an der Donau

Die Burg des Summerauers

Westlich von Persenbeug, das von seinem wuchtigen Schloss beherrscht wird, ragt der mächtige Bergfried der einsamen Ruine Freienstein weithin sichtbar über die Bäume. Die Burg stammt aus dem 13. Jahrhundert und erhielt im 15. Jahrhundert wichtige Umbauten, die sie jedoch nicht vor einer Zerstörung durch das schwedische Heer während des Dreißigjährigen Krieges bewahren konnten.

An einem nebelverhangenen Novembertag steige ich den kurzen, jedoch nassen und steinigen Pfad hinauf zum dichtbewachsenen Ruinenfeld, das vom restaurierten Turm überragt wird. Durch ein efeuüberwuchertes Tor und vorbei an einer alten Zisterne gelange ich zu einem Aussichtsplatz, wo der Blick bei klarem Wetter weit über die Donau und den Strudengau reicht.

Als Rudolf I. von Habsburg 1276 donauabwärts zog, um das Land, über das er zwei Jahre zuvor König geworden war, in Besitz zu nehmen und als Lehen zu vergeben, öffnete ihm Konrad von Summerau die Tore der Stadt Enns. In der Schlacht gegen den Böhmenkönig an der March zwei Jahre später entschied der Summerauer, als er mit Ulrich von Kapellen an der Spitze von 60 Reitern aus dem Hinterhalt stieß, die Auseinandersetzung endgültig für die Habsburger. Zum Dank dafür wurde Konrad mit der Burg Freienstein belehnt, die jedoch sechs Jahre später von Rudolfs Sohn Albrecht zurückgefordert wurde. Als Konrad sich weigerte, rückte Albrecht mit seinem Heer vor Freienstein an und forderte den Summerauer zur Übergabe auf. Damit hatten sich die Habsburger einen Todfeind geschaffen. Mit Leuthold von Kuenring wurde Konrad zum Haupt einer Verschwörung gegen das schwäbische Herrschergeschlecht und im November des Jahres 1295, als sich die Kunde verbreitete, Albrecht sei einer Vergiftung erlegen, sahen die Aufständischen ihre Stunde gekommen. Doch Albrechts robuste Natur siegte. Durch falsche Behandlung verlor er zwar ein Auge, aber bereits im Februar 1296 hatte er die Revolte niedergeschlagen.

Konrad von Summerau floh zum Gegenkönig Adolf von Nassau und starb in der Fremde.

Heute ist seine Burg großteils von der Natur zurückerobert. Und wer weiß, vielleicht streift sein ruheloser Geist in mondhellen Nächten durch die zerfetzten und überwucherten Mauern ...

RUINE GARS
im Kamptal

Die Burg des Landespatrons

Südlich von Horn, zwischen der Rosenburg und dem Schloss Buchberg, wird der Ort Gars am Kamp von seinem umfangreichen Ruinenareal dominiert.

Die Herrschaft der Babenberger dauerte von 976 bis 1246. In diesen zweihundertsiebzig Jahren wurde Österreich als Staat geformt und die Grenzen gegen Böhmen und Ungarn festgelegt. Slawische Machtzentren galt es mit aller Gewalt zu vernichten.

Auch südlich von Gars gab es ein slawisches Wehrdorf, das vom Babenberger Adalbert beim Vorstoß gegen die Thaya im Jahre 1041 zerstört wurde. Nun war man Herr des Kamptales, das natürlich rasch gesichert werden musste, und auf dem Garser Burgberg entstand ein Festes Haus.

Markgraf Leopold II., dem Schönen, diente die abgelegene Burg nach seiner Niederlage bei Mailberg, 1082, als Fluchtort und Residenz. In dieser Zeit ließ er Gars neu befestigen, wo seine Gemahlin, Gräfin Itha, 1073 seinen Sohn Leopold III., den Heiligen, geboren hatte. Dem späteren Markgrafen Leopold III. war die Burg dann aber zu abgelegen und er verlegte seine Residenz nach Klosterneuburg.

Im 13. Jahrhundert war Gars Verwaltungszentrum großer Forste wie des Gföhler und des Horner Waldes und wurde zu Lehen vergeben. Zu den Lehensträgern gehörten die Kuenringer, die Maissauer, die Neudegger und die Freiherren von Teufel.

Im Dreißigjährigen Krieg konnten weder die Schweden noch die kaiserlichen Truppen die starke Feste erobern, allerdings erlitt sie bei den Belagerungen schwere Schäden.

Damit begann ihr langsamer Verfall, der durch einen Brand im Jahre 1742 beschleunigt wurde. 1809 wurde die Burg von den Garser Bürgern angezündet, um zu verhindern, dass sich die anrückenden Franzosen hier einquartierten.

SCHLOSS GRAFENEGG
im südlichen Waldviertel

Türmchen, Türme und Fratzen

Einige Kilometer östlich von Krems liegt der weitläufige, ummauerte Schlosspark, dessen Bäume von dem neugotischen Turm überragt werden.

Hier in der Niederung der Kampmündung stand Ende des 13. Jahrhunderts eine kleine Ansiedlung, bestehend aus Wirtschaftshof und einer Mühle am Kamp.

Der damalige Eigentümer Freiherr Georg von Wolfenreut ließ 1435 aus Angst vor Überfällen den Hof mit Mauer und Wassergraben umziehen. Einige Jahrzehnte später ging das Lehen an den obersten Feldhauptmann Österreichs, Ulrich von Grafeneck. Trotz seiner hohen Stellung hielt Ulrich nichts von seinem Lehensgeber Kaiser Friedrich III., und er schloss sich dem Aufstand unter Ungarnkönig Matthias Corvinus an. Als diese Revolte niedergeschlagen war, musste Ulrich von Grafeneck das Land verlassen, sein Besitz wurde eingezogen.

Heinrich Prüschenk von Hardegg und Stettenberg ließ die Burg um 1513 in ein Renaissanceschloss umbauen, das 1630 durch die Freiherren Verda von Verdenberg weitere Umbauten erfuhr.

1645 rückten die Schweden an, besetzten das Schloss und nahmen mit, was sie tragen konnten.

Für knappe 200 Jahre lag der Schlossbau danach öde, bevor er im Jahre 1840 in den Besitz des Grafen August Ferdinand Breuner-Enkevoirt gelangte. Dies war Verehrer des englischen Historismus und ließ einen umfassenden Neubau im romantischen Stil durchführen. Graf August beauftragte den Wiener Dombaumeister Leopold Ernst mit den Arbeiten, wobei das englische Schloss »Strawberry Hill« als Vorbild diente, das der Graf während einer Englandreise besucht hatte. Der Bankenkrach von 1873 setzte dem fantasiereichen Bauen zunächst ein Ende, doch die Nachkommen des Grafen führten die Arbeiten bis 1888 weiter. 1894 gelangte das »Traumschloss« an die Fürsten von Ratibor, die jedoch kaum darin wohnten. 1945 wurde geplündert und zerstört und die nächsten 30 Jahre war Grafenegg wohl ein »Albtraumschloss«. Im Jahre 1967 begannen erste Restaurierungsarbeiten, in deren Verlauf die Wassergräben trockengelegt wurden.

Heute ist Grafenegg mit seinen diversen Veranstaltungen vielbesuchter Mittelpunkt im niederösterreichischen Kulturleben und das bedeutendste von Österreichs neugotischen Schlössern.

Rund um das Schloss wurde im 19. Jahrhundert auch der englische Landschaftspark mit seiner eindrucksvollen Gehölzsammlung angelegt. Vereinzelt findet man auch alte Steinskulpturen. Vor allem aber starren von der Schlossfassade aus jedem Winkel dämonische Wasserspeier und Fratzen auf die neugierigen Besucher herab. Eine mystische Atmosphäre geht von diesen Elementen aus, die ich an einem düsteren Frühlingstag mit der Kamera einfangen möchte. Durch ein langes, dunkles Torgewölbe gelangt man in den Innenhof, der vom imposanten Turm machtvoll überragt wird.

BURG GREIFENSTEIN
an der Donau

Am Weg nach Westen

Die schmale, steile Straße schlingt sich durch den Laubwald hinauf zur kleinen Burg, die am Ostrand über dem Ort Greifenstein weithin sichtbar aufragt.

Bis zum »Hangintenstein«, wie man den Felsen an der Donau um das Jahr 900 bezeichnete, reichte die Macht des Passauer Bistums, das hier 1135 die Burg erbauen ließ und einen ihrer Ministerialen namens »Grifo« als Burgverwalter einsetzte. Gemeinsam mit der am gegenüberliegenden Donauufer stehenden Burg Kreuzenstein wurde von hier aus die Engstelle zwischen Donau und Wienerwald und damit der Weg vom Wiener Becken in den Westen kontrolliert. Nicht verwunderlich ist also, dass dieser Platz den Passauer Bischöfen besonders wichtig war. So wurde Greifenstein 1247 neu befestigt und zusätzliches Rüstzeug auf die Feste geschafft.

1365 wurde »Grifonstein« erstmals erobert und 1461 brannte der berüchtigte Söldnerführer Gamerit Fronauer mit seinen Truppen die Burg nieder. Im Jahre 1477 wurde sie vom Ungarnkönig Matthias Corvinus eingenommen und nach dem Tod des großen Magyaren diente die nun wieder bischöfliche Feste als Gefängnis für rebellische Geistliche.

Auch dem Türkensturm 1529 hielt die Burg Greifenstein nicht stand, abermals loderten die Flammen gen Himmel. Doch sie wurde wieder aufgebaut und noch im 17. Jahrhundert wurden neue Befestigungen ausgeführt. Das lohnte sich, denn als die Schweden 1645 die Mauern erstürmen wollten, fehlten ihnen dazu die schweren Geschütze. Beim zweiten Türkenansturm im Jahre 1683 wurde die Burg nicht mehr angegriffen, allerdings ist ungewiss, ob die Türken es nicht wagten, oder ob ihnen die Festung bereits zu unbedeutend erschien, um dafür Menschenopfer zu riskieren.

Danach hatte das Bistum Passau kein Interesse mehr an den alten Mauern und Greifenstein kam 1803 in österreichischen Staatsbesitz. Zwei Jahre später wurde sie vom berühmten »Burgensammler« Fürst Johann I. von Liechtenstein für 2 770 Gulden erworben und zusammen mit seinem Sohn Alois ließ er das Gemäuer im Stil der Romantik restaurieren.

Kommt man heute in den engen Burghof von Greifenstein, entdeckt man auf der linken Seite einen merkwürdig ausgehöhlten Stein, mit dem es eine besondere Bewandtnis hat:

Dem ärgsten Trunkenbold unter seinen Genossen wollte der alte Ritter Reinhart sein zartes Töchterlein zu Frau geben, war dieser doch mit großem Reichtum gesegnet. Aber mit Hilfe des Schlosskaplans konnte sich die schöne Etel in einer einsamen Hütte im Wald verbergen, um dieser schrecklichen Ehe zu entgehen. Reinhart warf den Kaplan in den Kerker, doch dieser schwieg selbst bei Wasser und Brot. Voller Zorn stieß Ritter Reinhart einen fürchterlichen Fluch aus: Sollte er seine Tochter je wiederfinden und, anstatt sie ins Verlies zu werfen, sich ihrer erbarmen, möge er auf der Stelle tot umfallen. Dabei legte er seine Rechte in den berühmten Schwurstein im Burghof.

Eines Tages entdeckte er im Wald die alte Hütte und darin ein halbverhungertes Mädchen. Mitleid ergriff ihn und er erkannte seine Etel. Voller Freude drückte er sie an sein Herz und sie ritten in die Burg. Er wollte den braven Kaplan aus dem Verlies befreien, doch als er die Treppe hinuntereilte, strauchelte er. Seine Hand griff nach dem hohlen Stein, doch es war zu spät. – Er stürzte zu Tode und seine Tochter fand nur mehr den Leichnam.

Seither irrt sein trauriger Geist durch die dunklen Gänge der Burg und er wird erst erlöst, wenn der Stein durch das Hingreifen mitleidiger Menschen ganz ausgehöhlt ist.

Noch ein anderer Geist soll hier in stürmischen Nächten in den Wäldern um die Burg sein Unwesen treiben: Es ist der »wilde Greifensteiner«, der, von scharfem Hundegebell begleitet, umherjagt und einst als grausamer Herr auf der Burg regiert hat. Er achtete weder Gott noch dessen Kreaturen, war ein Bauernschinder und frönte nur der Jagd. Der Berggeist des Wienerwaldes hat ihn auf ewig verflucht …

Eine weitere Erscheinung ist die »graue Frau«, die nicht wenige Dorfbewohner nächtens gesehen haben wollen. Es ist der ruhelose Geist eines alten Hutzelweibes, das als Hexe verschrien war und über alle Wurzeln und Kräuter genau Bescheid wusste. Herrschaften aus den höchsten Kreisen suchten sie heimlich auf und baten sie um Rat für ihre Leiden. Sie war die letzte Bewohnerin des halbverfallenen Gemäuers bis zu ihrem Tod im Jahre 1797.

Ich steige den schmalen Pfad durch den Wald hinauf zum Aussichtsfelsen, wo der Blick über den mächtigen Bergfried bis ins Tullnerfeld reicht.

Es ist ein stürmischer Oktobertag, die knorrigen alten Bäume ächzen und der Wind treibt immer neue Wolkenberge heran. Die richtige Atmosphäre, um über die geheimnisvollen »Greifensteiner Schlosssagen« nachzudenken …

SCHLOSS GREILLENSTEIN
im Waldviertel

Ahnfrau und andere Gespenster

Am Rande des Dorfes Röhrawiesen westlich von Horn erhebt sich das imposante Schloss mit seinem Park, der heute von der durchführenden Straße geteilt wird.

An einem düsteren und eiskalten Apriltag mache ich Aufnahmen von den geheimnisvollen Sphinx-Statuen und den Putten, den kleinen Engelsfiguren, die sich vor dem Schloss auf den verwitterten Steinbalustraden aufreihen. Zwei Löwen flankieren das kunstvoll verzierte Schmiedeeisentor und darüber ragt der mächtige Torturm in den grauen Himmel. Die düstere Atmosphäre dieses Tages passt hervorragend zu den Geistergeschichten, die sich um das alte Gemäuer ranken.

Angeblich soll die »Ahnfrau« seit Jahrhunderten ihre schützende Hand über die Schlossbesitzer halten. Es ist der Geist der Anna von Kirchberg, die mit dem zweiten Herrn auf Greillenstein verheiratet war und 1615 starb.

Franz Grillparzer verweilte im Jahre 1807 auf Greillenstein und bekam eines Nachts die schwarz gekleidete Dame zu Gesicht. Diese gespenstische Begegnung ließ den Dichter natürlich nicht mehr los und inspirierte ihn zu seinem 1816 geschriebenen Drama »Die Ahnfrau«.

Vorbei am verwitterten Florianibrunnen komme ich zu einem uralten Eisentor, das sich nur schwer öffnen lässt. Eine Allee von mächtigen Linden säumt den Wiesenweg, der durch ein zweites Eisentor hinaus auf ein Kornfeld führt, das auf der anderen Seite von einer verfallenen Umfassungsmauer begrenzt wird. Ein verwittertes Rundbogentor, durch das vor über 250 Jahren der Henkerswagen fuhr, durchbricht diese Mauer.

Von Kaiser Ferdinand II. erhielten die Grafen Kuefstein 1634 die Hohe Gerichtsbarkeit und konnten so Todesurteile vollstrecken.

Um 1740 war Franz Leitner Gärtner auf Greillenstein. Eines Tages war seine Braut von ihrem Spaziergang nicht zurückgekehrt und blieb verschwunden. Ein Zeuge sagte aus, er habe Leitner mit ihr Richtung Fischteich gehen sehen. Als der Teich im Herbst abgelassen wurde, fand man ihre Leiche, ein Stein war um ihren Hals gebunden. Franz beteuerte vor Gericht seine Unschuld, aufgrund der Zeugenaussage schenkte man ihm jedoch keinen Glauben. Ohne Geständnis durfte aber niemand hingerichtet werden, also war der nächste Schritt die peinliche Folter. Aber Franz war tapfer. Als er die Qualen schließlich dennoch nicht mehr ertrug, gestand er und wurde zum Tode verurteilt. Während er im Verlies schmachtete, flehte er zu Gott, er möge ein Zeichen für seine Unschuld setzen. Doch kein Zeichen kam. Auf dem Schinderkarren wurde Leitner durch die alte Allee zur Hinrichtung gefahren, und als er vom freien Feld vor dem Schlosstor die Hinrichtungsstätte sehen konnte, flehte er nochmals zu Gott. Vergebens. Franz Leitner wurde unschuldig geköpft.

Als der Röhrenbacher Schmied viele Jahre später im Sterben lag, gestand er den Mord an dem Mädchen.

Dort, wo der Karren entlang gefahren war, änderte das Gras seine Farbe, als ob die Spur zu einem Mahnmal gelegt werden sollte. Heute steht hier ein Kornfeld, doch diese Streifen blieben unfruchtbar.

Eine weitere unheimliche Geschichte hat sich im 18. Jahrhundert im Schloss zugetragen:

Der neunte Herr auf Greillenstein, Johann Ferdinand II., beschäftigte sich als Alchimist mit grausigen Experimenten. Er wollte »Homunculi«, künstliche Menschen, züchten und angeblich gelang ihm dies auch. Sie lebten in mit Weihwasser gefüllten Gläsern und sollen es geschafft haben, daraus zu entkommen. Voller Furcht ließ der Graf daraufhin sein Labor zumauern und kehrte, um sein Seelenheil besorgt, diesem Treiben den Rücken.

Seither geistern diese Homunculi durch die dunklen Gewölbe des Schlosses.

Das Geschlecht der Grellen gründete hier um 1210 eine kleine Wasserburg, die 1534 in den Besitz von Hans Lorenz von Kuefstein gelangte. Hans Georg III. von Kuefstein ließ 1560 die alte Burg abreißen und bis 1604 entstand dann das heutige Renaissanceschloss.

Hans Georg hatte sich dem protestantischen Glauben angeschlossen und sein Sohn Hans Ludwig vertrat mit seinen Brüdern im Horner Bund die Interessen der Protestanten gegenüber Kaiser Ferdinand II. Nach den Siegen der katholischen Liga wurden die protestantischen Adeligen weitgehend enteignet. Die Kuefsteiner entgingen der Enteignung, da sie zum katholischen Glauben zurückkehrten.

1720 wurde Greillenstein nochmals umgebaut und barock erweitert. In der Zeit Napoleons waren über 1 000 Mann mit ihren Pferden für ein halbes Jahr im Schloss einquartiert und zum Abschied zerstörten sie das Mobiliar. Die Familie Kuefstein stand vor dem Ruin und lebte 25 Jahre in großer Armut, um den Schuldenberg zu verkleinern und wieder im Schloss wohnen zu können.

RUINE GUTENSTEIN
im Piestingtal

Traum schenkt noch Glück, wenn Wirklichkeit zerstiebt

Auf einem wild zerklüfteten Kalksteinfelsen, der senkrecht zum engen Tal der Steinapiesting hin abfällt, ragt der gewaltige Bergfried der Ruine Gutenstein über die Kiefernbäume.

Das Felsennest oberhalb des Raimund-Ortes Gutenstein wird um 1220 als Burg des Babenbergers Leopold VI. erstmals erwähnt. 1276 kommt die Burg Gutenstein an die Habsburger und sie wird zum Lieblingssitz von Friedrich dem Schönen, dem unglücklichen Enkel Rudolfs von Habsburg. »Von der Macht der politischen Umstände gezwungen«, musste Friedrich gegen seinen besten Jugendfreund, den bayerischen Herzog Ludwig, Krieg führen. Beide kämpften um die deutsche Königskrone und beide bestachen den Kurfürsten, aber erst ein blutiger Krieg führte zur Entscheidung. Bei Mühldorf wurde der Habsburger 1322 geschlagen und kam als Gefangener auf die Burg Trausnitz. Gegen sein Ehrenwort, freiwillig in die Gefangenschaft zurückzukehren, falls er den Frieden nicht halten könne, durfte er nach drei Jahren nach Österreich zurückkehren. In Gutenstein fand er seine treue Gattin, Elisabeth von Aragon, erblindet, und man erzählte sich, sie hätte sich aus Sorge um ihren Mann die Augen ausgeweint. Friedrich wollte ein ruhiges Leben führen, doch seine Parteigänger hetzten zu neuem Krieg. Als Ehrenmann kehrte er, wie versprochen, nach Trausnitz zurück, doch dort wurde er vom bayerischen Herzog Ludwig als Freund empfangen, wobei nicht wenige eine bewusste politische Absicht vermuteten. Von der Falschheit der Menschen tief enttäuscht, kehrte Friedrich auf seine geliebte Burg in die Einsamkeit zurück, wo er 1330 im Alter von erst 30 Jahren starb. Die Karthäusermönche von Mauerbach, deren Kloster er gestiftet hatte, holten nachts seinen Leichnam, um ihn zu Fuß in die Klause zu bringen.

Im Jahre 1457 stand der junge Ladislaus Postumus, König von Ungarn und Böhmen, vor der Festung, die ihm sein Vormund Friedrich III. nicht übergeben wollte, obwohl sie ihm zustand. Einen Monat lang ließ er die Burg mit Steinkugeln beschießen, bis er sie schließlich eroberte. Auch in Ungarn war er erfolgreich. Er konnte seinen Rivalen Matyas Hunyadi schlagen und ließ den erst 15-Jährigen ins Verlies von Gutenstein werfen, wo 1430 auch Otto von Maissau geschmachtet hatte, angeblich wegen Verrats gegen Österreich.

Ladislaus starb aber unerwartet noch im selben Jahr in Prag und 30 Jahre später eroberte Hunyadi, jetzt als Ungarnkönig Matthias Corvinus, die Festung Gutenstein, in der er als Junge gefangen gewesen war. Doch auch sein Triumph währte nicht lange, er starb 1490 und Gutenstein wurde wieder habsburgisch.

Als in den Jahren 1529 und 1532 die Türken durch das Tal zogen, verwüsteten sie die Dörfer. Der Burg konnten sie jedoch nichts anhaben.

1641 war die Grafschaft Gutenstein Schauplatz eines tragischen Schicksals, das allerdings zu jener Zeit kein außergewöhnliches war: Die arme Häuslersfrau Brigitte Brandstätter aus dem einsamen Tal der Längapiesting gestand unter harter Folter 15 Delikte, zu denen zählte, dass sie mit ihrem Sohn Unzucht getrieben habe, auf einer Ofenschüssel auf den Schneeberg geflogen sei, dass ihr der böse Geist Hänsel, dem sie seit 20 Jahren gedient habe, Salben geschenkt habe, dass sie am Schneeberg mit 30 anderen Frauen Kirchtag gefeiert habe …

Der Richter verlas das Urteil: »Heut dato 18. Juni 1641 ist durch ein ehrsames unparteiisches Geding, allhie auf der Grafschaft Gutenstein, auf Brigida Prandtstetterin guet und peinliche Bekenntnis, wegen ihrer begangenen delicten, also deto Zauberei und Blutschande, mit urtel und Recht erkannt worden, dass ermelte Prandtstetterin lebendig auf dem Scheiterhaufen gewoffen, zu Pulver und Aschen verbrandt, und also vom Leben zum Tode hingerichtet werden soll«.

1683 standen die türkischen Heerscharen abermals vor Gutenstein und viele Bürger flohen in die mittlerweile unbewohnte und teilweise verfallene Burg, die dem Ansturm der Osmanen noch ein letztes Mal tapfer standhielt.

Im Jahre 1708 brannte die Feste großteils ab und 1784 las man in der Katharinenkapelle, die von Elisabeth von Aragon gestiftet worden war, die letzte Messe.

Im 19. Jahrhundert geriet Ferdinand Raimund beim Anblick der malerischen Ruinen ins Schwärmen: »O dürft' ich nie von meinem Traum mich trennen! Wohl dem, der seine Träume lange lebt! Traum schenkt noch Glück, wenn Wirklichkeit zerstiebt.«

Dieser Romantik kann ich mich nur anschließen, denn auch ich bin von Gutenstein immer wieder beeindruckt. An einem schönen Maitag steige ich den serpentinenreichen Pfad durch duftigen Kiefernwald hinauf zu den bleichen Kalksteinmauern, in denen sich in den vergangenen Jahrhunderten so viel Schmerz und Elend zugetragen hat.

Bei meinem letzten Besuch vor einigen Jahren war das Ruinenfeld ausgeholzt worden, nun wuchern schon wieder mannshohe Büsche. Vorbei am »Türkensturz«, wo die Felsen senkrecht ins Tal abfallen, und dem pyramidenförmigen Rauchfang der Burgküche bahne ich mir einen Weg durch diese Wildnis zum alles überragenden Bergfried. Dahinter ragen geborstene Palasreste empor, und hier steht auch ein verrostetes Baugerüst, wer weiß, wie lange schon.

RUINE HAINBURG
an der Donau

Der wilde Osten

Mächtig thronen die alten Mauern der Ruine auf dem pittoresken Burghügel 100 Meter oberhalb des befestigten Ortes Hainburg.

Nach der vernichtenden Niederlage am bayerischen Lechfeld 955 hatten sich die Ungarn um die Jahrtausendwende wieder erholt und versuchten erneut, den Westen zu erobern.

Im Jahre 1042 wurde die erste Steinburg auf dem Schlossberg von Kaiser Heinrich III. erobert und die Ungarn abermals zurückgedrängt. Heinrich war sich der drohenden Gefahr bewusst, die von Osten kam, und er ließ die Hainburg neu befestigen.

100 Jahre später kam die Herrschaft an die Babenberger, die Burg und Stadt mit dem Lösegeld, das sie für Richard Löwenherz erhalten hatten, wiederum stärker ausbauen konnten. Von der »Heimenburg« zog sich bald eine 15-türmige Stadtmauer hinunter, die von drei mächtigen Toren durchbrochen war.

1189 weilte Kaiser Friedrich Barbarossa auf seiner Fahrt ins Heilige Land auf der Hainburg, denn er musste warten, bis die Verhandlungen über die Mautzahlungen abgeschlossen waren.

Die Burg wurde zum Sitz von Herzogin Theodora, Gattin von Leopold VI. und Tochter des byzantinischen Kaisers. 1226 erobert ihr Sohn Heinrich die Feste und verjagt sie daraus. An der Seite des von seinem Vater hintergangenen Böhmenkönigs will er selbst die Herrschaft in Österreich an sich reißen. Der Aufstand misslingt jedoch und Heinrich stirbt im mährischen Exil.

Am 8. April des Jahres 1252 heiraten in der Pankraziuskapelle der Hainburg Margarethe, Schwester des letzten, inzwischen gefallenen Babenbergers, Friedrich II. des Streitbaren, und Ottokar II. Přemysl, der Sohn des Böhmenkönigs. Er war ein 23-jähriger Mann, sie eine 47-jährige Frau – diese Hochzeit war wohl eine dynastische Angelegenheit. Margarethe übertrug dem Böhmen all ihre Ansprüche.

Als Ottokar acht Jahre später, im Juli 1260, den ungarischen König vernichtend geschlagen hatte, ließ sich der Böhmenkönig durch einen Bischof von Margarethe scheiden, um wie vereinbart, Kunigunde, die Enkelin Belas IV., zu heiraten. Margarethe zog sich auf die Burg Krumau am Kamp zurück, wo sie 1266 starb.

Ottokar ließ auch den dreistöckigen Wohnturm errichten, der noch immer im weitläufigen Hof der Ruine aufragt und leider ein bisschen zu offensichtlich restauriert wurde.

Für meinen Aufstieg wähle ich den kürzeren und demnach steileren Zugangsweg und schreite durch zwei mächtige Torbauten in den weiten Hof mit gepflegter Wiese, die von der halbverfallenen Umfassungsmauer umzogen wird. Kahl ragen die vereinzelten Bäume in den wolkenverhangenen Oktoberhimmel und ich genieße den weiten Ausblick in alle Richtungen, im Osten bis hinüber nach Bratislava.

1478 versuchte der ungarische König Matthias Corvinus vergeblich, Burg und Stadt zu erobern. Erst beim zweiten Versuch 1482 gelang sein Vorhaben und Burgherr Fuchs musste kapitulieren. Hainburg wurde ungarisch. Den deutschen Kurfürsten erklärte Corvinus, dass er ein Freund des Reiches sei, aber Hainburg gehöre nach altem Recht zu Ungarn.

Er ließ die Feste erneuern und die Bürger der Stadt erhielten bestimmte Privilegien. Damit wollte er ihnen beweisen, dass er nur gegen den Kaiser Krieg geführt hatte. Nach seinem Tod acht Jahre später eroberte der junge Maximilian, des Kaisers Sohn, Burg und Stadt zurück.

1529 überschritten die Türken bei Preßburg die Donau und Hainburg wurde fast ohne Widerstand eingenommen und verwüstet. 1569 fuhr ein Blitz in den Pulverturm und eine gewaltige Explosion zerstörte große Teile der Burg. Sie wurde als Zufluchtsort notdürftig wieder instand gesetzt.

1683 drangen die Türken erneut nach Österreich vor und Hainburg wurde nach zweimaligem Sturm erobert, wobei angeblich 8 432 Bürger der Stadt und Umgebung von den Eroberern grausam niedergemetzelt wurden.

Seither war die Hainburg Ruine, niemand wohnte mehr im alten Gemäuer. 1809, nach seiner siegreichen Schlacht am Wagram, besuchte Napoleon die alte Burg am Hainburger Schlossberg. Sie war als Wehrbau inzwischen nutzlos geworden und konnte keinen Widerstand mehr leisten.

Die Burg an der »Porta Hungaria«, deren bleiche Mauern heute traurig in den bleiernen Himmel ragen, lag immer wieder im Brennpunkt welthistorischer Ereignisse. Zudem gibt es auch ein dunkles Kapitel in ihrer regionalen Geschichte:

»Am 1. Februar 1618 wurden Kraft des bestätigten Urteils 26 Personen, Männer und Weiber wegen begangener Gotteslästerei, Zauberei und Mordtaten nächst der Stadt mit glühenden Zangen gezwickt, nach abgehauener rechter Hand lebendig gebraten, dann verbrannt.«

Ein Jahr vorher wurden drei Frauen wegen ähnlicher Delikte »nur« enthauptet und danach ihre Körper zu »Pulver und Asche verbrannt«, die man anschließend in die Donau streute. »Wenn solches geschehen, ist Gott und den kaiserlichen Rechten genug getan.«

Die Namen all dieser grausamen Hingerichteten sind in Vergessenheit geraten.

BURG HARDEGG
im nördlichen Waldviertel

Zum Schutz für Land und Leut

Inmitten des »Nationalparks Thayatal«, direkt an der tschechischen Grenze, thront die mächtige Burganlage majestätisch über der kleinsten Stadt Österreichs, Hardegg.

Das Gebiet hier lag in der Böhmischen Mark, die im 11. Jahrhundert von Retz aus erobert worden war. 1140 wurde ein Otto von Hardegg urkundlich erwähnt und seine frühe Burg diente der Aufgabe, den Übergang über den Fluss zu kontrollieren und Einfälle aus Mähren abzuwehren.

Im Jahre 1260 kämpften die beiden jungen Grafen Otto und Konrad Plain-Hardegg an der Seite von Böhmenkönig Ottokar II. gegen die Ungarn. In seinem Lager bei Laa an der Thaya wies der König die beiden an, mit ihren 1 000 Mann bei Staatz zu lagern, denn die Ungarn hätten mit starker Heeresmacht die March bei Drösing überschritten.

An einem Frühlingstag drei Tage später fand Ottokar die beiden Grafen grausam verstümmelt im verwinkelten Ameistal südlich von Hollabrunn. Sie waren mit ihren Mannen in einen Hinterhalt geraten. Damit starb eines der letzten Hochadelsgeschlechter Österreichs aus.

Im 14. Jahrhundert erhielten die Burggrafen von Magdeburg die Grafschaft Hardegg als Lehen und erweiterten die Feste zu einer Doppelburg mit zwei Kapellen. Unter Kaiser Friedrich III. kam diese in den Besitz seiner Günstlinge, die in den Grafenstand erhobenen Freiherren von Prüschenk, die sich nun »von Prüschenk-Hardegg« nannten.

Heinrich Prüschenk ließ die abgebrannte Burg 1506 wieder aufbauen, »weil sie an der Grenze liegt, zum Schutz für Land und Leut«.

Im Jahre 1594 wurde dem Grafen Ferdinand von Prüschenk-Hardegg vom Kriegsgericht vorgeworfen, seine Pflicht als Grenzverteidiger verletzt zu haben. Er hatte die ungarische Festung Raab dem Feind kampflos übergeben. Er wurde zum Tode durch den Galgen verurteilt, doch »begnadigte« man ihn zum Sterben auf dem Schafott.

Seit dem 17. Jahrhundert wurde Hardegg kaum noch bewohnt. Die Grafen Saint-Julien, die die Herrschaft seit 1648 besaßen, und die Grafen Khevenhüller, seit 1731 die Besitzer, bevorzugten das neu erbaute und komfortablere Schloss Riegersburg.

Als im Jahre 1764 die Stadt Hardegg abbrannte, erhielten die Einwohner die Erlaubnis, sich zum Wiederaufbau ihrer 15 Häuser Steine und Holz von der damals noch eingedeckten Burg zu holen. Damit war der Verfall der Burg unaufhaltsam.

Doch Johann Graf Khevenhüller, der Kaiser Maximilian in Mexiko begleitete, ließ die Ruine nach 1890 wieder aufbauen.

Vorbei am ersten Wehrturm, der heute als Uhrturm dient, und durch einen Torbau nähert man sich der finsteren Halbruine, die von ihren drei uralten Türmen überragt wird.

Der Pfad führt hinauf in den engen Burghof, von wo der weite Ausblick auch hinüber zum sagenumwobenen »Reginafelsen« reicht:

Die schwarze Frau von Hardegg

Regina war ein hübsches Mädchen, das von einem Hardegger Burggrafen entführt wurde, weil sie sich sträubte und über seine Avancen wenig erfreut war. Als Regina in der Gefangenschaft immer noch kein Entgegenkommen zeigte, ließ sie der raue Geselle im Felsen gegenüber seiner Burg lebendig einmauern. Hier starb sie einen qualvollen Hungertod, doch der Graf wollte ihr langsames Sterben mitansehen, um sie nochmals verhöhnen zu können. Er ritt mit seinem Pferd auf den Felsen, das Ross strauchelte jedoch und beide stürzten in die Tiefe.

Die tote Jungfrau sucht seither ihr Grab. Sie schwebt in gewissen Nächten in ihrem schwarzen Trauerkleid über den Hardegger Friedhof und hofft auf baldige Erlösung. Der grausame Graf schmort indes in der Hölle.

RUINE HARTENSTEIN
im südlichen Waldviertel

Hoch auf'm Berg und zugleich doch tief im Tal

Südlich von Lichtenau verbergen sich die bizarren Mauerreste tief im Kleinen Kremstal.

Auf einem Steilfelsen über der 1883 entdeckten »Gudenushöhle«, 70 Meter oberhalb einer Schlinge der Kleinen Krems, ragen die zerfetzten Mauern der Altburg pittoresk in den blauen Himmel.

Heinricus de Hertinsteine gründete hier um 1187 eine erste Burg, die knappe 100 Jahre im Besitz der Hartensteiner blieb. In den folgenden Jahrhunderten gab es einen regen Besitzerwechsel; darunter waren im 14. Jahrhundert die Maissauer und im 15. Jahrhundert für fünf Jahre Jörg Scheck von Walde. Bis ins 16. Jahrhundert wurde die abgelegene Burg immer wieder ausgebaut, doch um 1620 war die unbequeme Feste bereits verlassen.

Im Jahre 1645 belagerten die Schweden Burg Hartenstein erfolglos, sprengten allerdings ein Außenwerk, bevor sie wieder das Weite suchten. Für fast 250 Jahre waren nun Wind und Wetter die Herren in den einsamen Mauern, bevor sie 1892 der Arzt Dr. Pospischil erwarb und neugotisch verändern ließ. Bis 1938 betrieb er darin eine Kaltwasserheilanstalt. Nach verschiedenen Besitzern gehört die unzugängliche Burg heute der Firma Beko.

Die Schweden vor Hartenstein

»Hoch auf'm Berg und zugleich doch tief im Tal«, heißt es im Volksmund über die Ruine Hartenstein, weil sie über dem wild zerklüfteten »harten Stein« thront und von den umliegenden Bergen aus betrachtet doch tief im Tal liegend erscheint. Die uralten Mauern des Felsenschlosses stürzen dreiseitig fast überhängend zu Tale, nur an einer engen Stelle befand sich vor langer Zeit eine Zugbrücke über dem tiefen Abgrund.

Die Burg galt als unbezwinglich, konnte niemals erobert werden und selbst die kriegserprobten Schweden prallten am Felsen ab. Als sie 1645 ins Kremstal kamen, hofften sie auf reiche Beute, doch trotz ihrer Übermacht und Kühnheit scheiterten all ihre Sturmversuche. Nun wollten sie die Burgbesatzung aushungern und lagen lauernd vor dem Felsennest. Nach langer Belagerung waren alle Vorräte in der Burg erschöpft, nur ein Ochse und eine Katze waren übrig geblieben. Der listige Burghauptmann ließ die Katze töten und mit ihrem Blut eine Kuhhaut bestreichen, die man gut sichtbar über die Mauern hing. Der Ochse wurde brüllend durch den Burghof getrieben, und als obendrein die Windmühle lustig klapperte, meinten die Schweden, die Hartensteiner hätten noch Schlachtvieh und Mehl genug.

Zornig zogen die Schweden talabwärts, wo sie ihren Grimm an der Burg Hohenstein abkühlten.

WASSERBURG HEIDENREICHSTEIN
im nördlichen Waldviertel

Der unbezwingbare Turm

Die Lage an zwei uralten Fernstraßen machte Heidenreichstein zum idealen Platz für eine Burg. Eine erste Turmburg dürfte hier um 1180 von einem »Heidenreich« aus der Familie der Burggrafen von Gars-Eggenburg, verwandt mit den Kuenringern, gegründet worden sein.

Von 1237 bis 1297 hatten die Kuenringer selbst die Grafschaft Litschau-Heidenreichstein zu Lehen, später fiel das Gebiet an Herzog Albrecht I., den Sohn Rudolfs von Habsburg.

1348 wurden die Puchheimer mit der Grafschaft belehnt und behielten Heidenreichstein bis 1636. Bis 1947 im Besitz der Grafen Palffy, kam die Burg dann an die Grafenfamilie Kinsky, der sie heute noch gehört.

In diesen Jahrhunderten entstand eine der großartigsten Wasserburgen ganz Österreichs, die heute zwar nicht mehr ganz im Wasser steht, aber trotzdem malerisch an einem Teich aufragt.

Mitten im Ort erhebt sich das mächtige Bauwerk, überragt vom 40 Meter hohen Bergfried und flankiert von wuchtigen Rundtürmen mit spitzen Kegeldächern. Die meterdicken Mauern hinterlassen einen wehrhaften und drohenden Eindruck, was wohl auch die anrückenden Feinde so empfunden haben, als sie die ehemalige Grenzburg gegen Böhmen und Mähren stürmen wollten.

Die Wasserburg wurde nie zerstört und konnte auch niemals erobert werden. Anders erging es dem umliegenden Ort. Im 15. Jahrhundert fielen wiederholt die Hussiten ein, im Dreißigjährigen Krieg wurde fleißig geplündert und 1621 wütete ein Großbrand.

Im Jahre 1663 dienten die gewaltigen Mauern der Burg als Zufluchtsstätte vor den anrückenden Türken.

Angesichts der Tatsache, dass Heidenreichstein nie zerstört wurde, stellt sie heute auch trotz der späteren Zubauten eine charakteristische mittelalterliche Wehrburg dar.

Über die ehemalige Zugbrücke mit Fußgängerpforte gelangt man in die Vorburg und weiter in den Burghof, der von den hohen kalten Wänden eingeengt wird. Über allem thront der monumentale Bergfried, der bis ins 15. Jahrhundert alleine auf seinem Granitfelsen stand. In seinen fünf Meter starken Mauern führen Stufen von einem halben Meter Höhe nach oben auf die Wehrplatte, und dieser schmale Aufgang konnte bei Gefahr von einem einzigen Mann verteidigt werden. So war dieses düstere steinerne Bollwerk im Mittelalter absolut unbezwingbar.

RUINE HINTERHAUS
in der Wachau

Tausend Eimer Wein

Die Herren auf Dürnstein und Aggstein, die Kuenringer mit ihren weitläufigen Besitztümern im »Nordwald«, dem heutigen Waldviertel, wollten vor allem auch Herren an der Donau sein. Um ihren Besitz hier abzurunden und das »Tal Wachau« für sich zu sichern, ließen sie sich von den bayrischen Herzögen, die das Gebiet seit dem 9. Jahrhundert besaßen, mit dem »Tausendeimerberg« belehnen, von dem es 1785 hieß, dass hier zuweilen »jährlich tausend Eimer Wein gekeltert werden«.

Sie ließen die Burg des 12. Jahrhunderts zum Herrschaftssitz ausbauen. Nachdem ihr Stamm 1355 erloschen war, erhielten die mächtigen Maissauer das »hintere Haus« als Pfand. In dem Bruderkrieg der Habsburger Leopold und Ernst um die Vormundschaft über den minderjährigen Albrecht V., in denen die Maissauer eine führende Rolle spielten, wurde die Burg erobert, aber im Jahre 1438 holte sie sich Herzog Ernst von Bayern mit Gewalt vom Maissauer Otto IV. zurück. Bis 1504 saßen nun Pfleger der bayerischen Herzöge auf der Feste Hinterhaus. Unter den späteren Besitzern, den Habsburgern, begann die Burg im Laufe des 16. Jahrhunderts zu veröden.

1619 wurde sie von den Landsknechten des Generals Bucquoy und knapp 200 Jahre später, 1809, von den Soldaten Napoleons zerstört. Seither ragen ihre zerfallenen Mauern malerisch über die Weingärten des Ortes Spitz.

An einem schönen Maitag wandere ich den kurzen Pfad hinauf zur aussichtsreich gelegenen Ruine, die schon seit langem restauriert ist. Vom 20 Meter hohen Bergfried bietet sich ein prächtiger Blick über das Donautal, und hier oben denke ich an eine der Teufelssagen, die sich bei Hinterhaus zugetragen haben soll:

Die Teufelsmauer bei Spitz

Verzweifelt starrt der Herr von Hinterhaus in die grauen Fluten der Donau. Was hat er noch vom Leben, wenn er die schöne Isolde von Peilstein nicht zur Frau nehmen kann?

Im Turnier gegen den Ritter von Aggstein ist er unterlegen und muss nun sein Wort halten und dem Sieger die Braut überlassen. Er trägt sich mit Selbstmordgedanken, während auf der Burg Aggstein die Fenster hell erleuchtet sind durch das Fest, das gefeiert wird. Plötzlich erscheint aus den Nebelschwaden am Wasser ein Männlein, das ihm seine Hilfe anbietet. Es schlägt dem Herrn vor, über die Donau eine Mauer zu bauen, damit die Fluten so hoch steigen, dass selbst der mächtige Berg der Burg Aggstein darin versinke. Danach hätte er die schöne Braut für sich. Der Herr von Hinterhaus ahnt, wen er da vor sich hat und dass seine Seele für alle Ewigkeit verloren wäre, würde er auf diesen Vorschlag eingehen. Doch wegen seiner Liebe zu Isolde willigt er ein, aber nur unter der Bedingung, dass die Mauer in einer Nacht fertig werde. Der siegesfrohe Teufel macht sich ans Werk. Er ruft seine höllischen Gesellen herbei, sie brechen Stein um Stein aus dem Hang des Jauerling und werfen Trümmer unter fürchterlichem Getöse in den Strom. In wenigen Stunden türmt sich eine mächtige Mauer auf, das andere Ufer ist fast erreicht. Da kräht der Turmhahn von St. Jakob, im Osten durchbricht ein erster Lichtstrahl das Dunkel, die Nacht ist zu Ende. Voller Zorn schickt der Teufel seine Gesellen wieder zur Hölle und dem Hahn auf dem Kirchturm schießt er einen Pfeil in den Hintern. Der unglückliche Herr von Hinterhaus erkennt seinen Fehler, zieht als Pilger ins Heilige Land und stirbt nach seiner Heimkehr als frommer Büßer in einem Kloster.

Die unvollendete Teufelsmauer ist heute zwischen Schwallenbach und Spitz zu sehen, ebenso wie der Turmhahn von St. Jakob mit dem Pfeil im Hinterteil.

Inzwischen sind noch einige Wanderer zur Ruine heraufgestiegen, doch scheint ihnen der Weg auf den Bergfried zu beschwerlich zu sein. Nach einem kurzen Rundgang machen sie sich auf den Rückweg. Bald werde ich ihnen folgen.

RUINE HOHENEGG
im Dunkelsteiner Wald

Österreichs Perle

Dunkle Wolken hängen an diesem Novembertag über der mächtigen Ruine, die von ihrem steilen Waldhügel nordwestlich von Hafnerbach weit ins Land schaut.

Die wettergegerbten Mauern, durchbrochen von dunklen Fensteröffnungen und überragt vom schlanken Torturm, scheinen durch die kahlen Bäume – eine gespenstische Szenerie.

Doch das war nicht immer so. Früher lagerten 4 000 Eimer Wein in den Kellern der Burg Hohenegg und in der Rüstkammer fanden sich genug Kanonen und Waffen, um 600 Mann damit auszurüsten. In den Räumen hingen 146 Gemälde, ein prächtiger Garten mit Sommerhaus und Springbrunnen diente dem Vergnügen.

Das war im 17. Jahrhundert. Mit 39 Jahren war Raimund Montecuccoli als General der Kavallerie aus dem Dreißigjährigen Krieg zurückgekehrt. Die Heirat mit der vermögenden Margareta von Dietrichstein ermöglichte es ihm, den geerbten mittelalterlichen Besitz am Hang des Dunkelsteiner Waldes nach italienischem Geschmack »modernst« auszubauen.

Der einfache Wehrbau des 12. Jahrhunderts, im 16. Jahrhundert mit einer großen Vorburg versehen, wurde zur neuntürmigen Riesenanlage. Zwischen zwei Rundbastionen hindurch betrat man das Schloss und war mit dem mächtigen achteckigen Turm konfrontiert, einem Symbol für Macht und Schönheit. Die Wälder und Wiesen ringsum wurden zum prächtigen Naturpark.

1664 wurde Raimund Montecuccoli als Sieger über die Türken in der Schlacht bei Mogersdorf an der Raab als berühmtester Feldherr Österreichs gefeiert. Sechsspännig, in einer goldenen Kutsche, fuhr er mit seiner strahlenden Frau durch das Tor seines Schlosses und der Oberkoch meldete, alles sei für die abendlichen Gäste vorbereitet. Die Nacht wurde zum Tag, gemäß einem bekannten Spruch: »Hohenegg, du edles Haus, nüchtern hinein und voll heraus.« Damals sprachen alle von der »Perle Österreichs«, und nach der Vereinigung mit den benachbarten Herrschaften Osterburg und Gleiss vom »Königreich« der Montecuccoli.

Man lebte in Saus und Braus, bis das Vermögen alle war und hohe Schulden den späteren Fürsten und Kriegsminister zwangen, in das bescheidene Anwesen Mitterau zu übersiedeln. Hohenegg war dann noch eine Zeit lang Jagdschloss.

1796 wurde das Schloss von den Erben abgedeckt, um die Dachsteuer zu sparen, und die Ziegel an das Stift Melk verkauft. Mit dem Rest wurde die Wimpassinger Mühle gedeckt. Das Marmorpflaster und die Gitter wanderten nach Mitterau, die Turmuhr nach Haunoldstein. Die alten Holzbalken aber blieben im Hof liegen, denn der Abtransport hätte mehr gekostet, als der Erlös eingebracht hätte. Sie vermoderten und verfaulten.

Seit über 200 Jahren verfällt nun die einstmals so stolze Feste und in ihren Gräben wuchern Brennnesseln und Strauchwerk. Doch noch immer ragen ihre unheimlichen Mauern machtvoll in den Himmel.

RUINE HOHENSTEIN
im Kremstal

Malerische Reste

»… altes Bergschloss und Gut des Freyherrn von Gudenus, mit Hartenstein und Felling verknüpft, am Kremsflusse, oberhalb Imbach, bey Felling.«

Im Jahre 1156 wird erstmals ein Reinpreht de Hohinstaine erwähnt, und unter verschiedenen nachfolgenden Besitzern wird die kleine Burg bis ins frühe 15. Jahrhundert ausgebaut. Albert von Hohenstein schenkte 1288 sein Erblehen »bey Roseldorf« dem Kloster Lilienfeld. 1456 wird die Burg allerdings schon als öde bezeichnet und allmählich verlassen.

Einige Kilometer nördlich der bekannteren Ruine Hartenstein, auf dem bewaldeten Steilfelsen oberhalb der wenigen Häuser, die hier tief im Kremstal angesiedelt sind, reckt sich der Bergfried von Hohenstein pittoresk in den blauen Himmel. Die Waldstraße führt mäßig steil bergan und bald führt ein Pfad links den Steilhang hinauf. Mit Fotogerätschaften schwer beladen, schlage ich mich durch die Büsche und erreiche bald das verwachsene Ruinenfeld, in dem mächtige Mauern stehen. Allerdings ist hier Vorsicht angebracht, an einigen Stellen fällt der Felsen steil in die Tiefe. Unkraut und Strauchwerk wuchern auf den verwitterten Mauern und ich bin mir sicher, dass sich hier herauf nicht allzu viele Leute verirren werden. Ich pirsche eine Zeitlang vorsichtig durchs Gemäuer, doch durch die mächtigen Kiefernbäume fällt es schwer, eine gute Fotoposition zu finden.

An einem gemütlichen Plätzchen betrachte ich noch eine Weile die verwunschene Szenerie. Meine Gedanken kreisen um das Schicksal dieser zerfallenen Burg, deren Geschichte im Laufe der Jahrhunderte wohl in Vergessenheit geraten ist. Welchen Kontrast bildet doch der Zauber dieser verlorenen Welten zum bedrückenden Materialismus unserer heutigen nüchternen Gegenwart.

RUINE HOLLENBURG
an der Donau

Der verwunschene Wohnturm

Über den Weingärten südöstlich von Krems sieht man den verwachsenen Wohnturm von Hollenburg am rechten Donauufer emporragen.

Frühmorgens an einem schönen Junitag steige ich den kurzen Pfad hinauf zum Ruinengelände, wo sich die alten Turmmauern machtvoll aufrichten. An der Nordwand hängt ein verwitterter Bildstock, wohl irgendwann in späterer Zeit dort angebracht.

Ein gut erhaltenes Spitzbogentor führt ins dunkle, kühle Innere des Gemäuers. Überall wuchert Unkraut und die feuchten Mauern sind üppig mit Moos und Efeu bewachsen. Ein unheimlicher Ort, der vor über 300 Jahren zur Ruine wurde, als die Hollenburg im Jahre 1698 abbrannte.

1248 wurde die Burg von Bischof Johann von Freising errichtet, die ab 1408 nach dem aus Schwaben stammenden Bischof und Kanzler Berthold von Wähingen »Bertholdstein« genannt wurde.

Während der Habsburger Fehden des 15. Jahrhunderts saß in der Burg der bald kaisertreue, bald beutegierige Söldnerführer Gamaret Fronauer. Nach ihm errichtete ein Vöttauer hier eine Donausperre, um diejenigen zu plündern, die nicht zahlen wollten.

Im Jahre 1487 wurde die Feste von den Ungarn unter Matthias Corvinus erobert, die sie jedoch bald darauf an eine Räuberbande verloren.

Als die Ungarn im 17. Jahrhundert nochmals anrückten, war das Ende der einstmals stolzen Feste gekommen.

Im 19. Jahrhundert errichtete man hier auf dem Burghügel einen Landschaftspark im romantischen Stil der damaligen Zeit, doch ist auch er heute verwildert und verwahrlost.

Eine verwunschen und traurig wirkende Atmosphäre herrscht auf dem Hügel mit seinen verfallenen Mauern. Ich mache noch einige Außenaufnahmen und steige den Pfad wieder hinab.

SCHLOSS JEDENSPEIGEN
im Weinviertel

Der besiegte Böhmenkönig

Die von einem schlanken Torturm überragte Anlage liegt nördlich von Dürnkrut auf einem Wiesenhügel am Rande von Jedenspeigen, nahe der March und der Slowakei. Hier fand im 13. Jahrhundert eine entscheidende Schlacht statt:

König Ottokar von Böhmen hatte durch geschickte Politik und nicht immer legale Mittel ein riesiges Reich aufgebaut, das von Schlesien bis zur Adria reichte. Die Städte waren ihm treu ergeben, sodass er seinen Willen jeweils durchsetzen konnte. Als Rudolf IV. von Habsburg im Jahre 1273 zum deutschen König gekrönt wurde, verweigerte der Böhmenkönig die Anerkennung und die Herausgabe der unrechtmäßig erworbenen Güter. Er meinte mächtig genug zu sein, um dem König und späteren Kaiser die Stirn bieten zu können und es kam zu einem Reichskrieg. 1276 standen sich die Heere bei Wien, das auf Seiten Ottokars war, gegenüber. Rudolf zwang Ottokar, auf seine Gebiete im heutigen Österreich zu verzichten, belehnte ihn dafür mit Böhmen und Mähren. Im Jahre 1278 zog Ottokar erneut nach Süden, denn er konnte die Schmach nicht vergessen. Durch eine überlegene Strategie gewann Rudolf von Habsburg die Schlacht und der Böhmenkönig fand den Tod.

Wäre die Schlacht anders verlaufen, würden wir heute vielleicht tschechisch sprechen, wer weiß?

Während ich an diese vergangenen Zeiten denke, baue ich mein Stativ auf, denn das malerisch auf einem Hügel sitzende Schloss präsentiert sich gerade in gutem Licht.

Um 1200 von den Kuenringern erbaut, wurde die Burg ab 1692 von den Herren von Kollonitsch zum Schloss erweitert.

Im 15. Jahrhundert schloss sich der Burgherr den Hussiten an und plünderte mit ihnen die Umgebung. Dem Treiben wurde jedoch bald ein Ende gesetzt, denn Kaiser Friedrich III. ließ schwere Geschütze anrollen und brach die Mauern.

Als die Türken im 16. Jahrhundert erstmals in Österreich einfielen, konnte die Burg aber bestehen; auch im Türkenjahr 1683 hielt sie dem Ansturm stand und jene Hussiten, die zu Beginn des 18. Jahrhunderts einfielen, mussten unverrichteter Dinge wieder abziehen.

Die vielen Menschen, die sich im Laufe der Jahrhunderte hinter die Mauern von Jedenspeigen retten konnten, waren sicher. In den umliegenden Dörfern wurde aber gebrandschatzt und gemordet.

RUINE KAMEGG
im südlichen Waldviertel

Die verfallene Templerburg

In einer Kampbiegung oberhalb der Häuser des Ortes Kamegg blicken auf dem bewaldeten Steilfelsen die Trümmer der ehemaligen Burg der Herren von Kamegg-Kaya zwischen den Bäumen hindurch.

Heinrich de Chambecha wird um 1150 urkundlich als Besitzer genannt, in den darauf folgenden Jahrhunderten erfolgt ein schlossartiger Ausbau. Als die Herrschaft 1620 mit der Rosenburg vereinigt wird, verliert Kamegg jedoch seine Bedeutung und verfällt. Nur in der Burgkapelle werden noch bis 1786 manche Messen gelesen.

Nach einem kurzen, gemächlichen Aufstieg gelange ich durch ein gut erhaltenes Spitzbogentor ins verwilderte Ruinenareal, wo ein Bergfriedrest düster über die Bäume ragt. Wie zumeist bei solch vergessenen Gemäuern bin ich auch an diesem trüben Novembertag alleine hier und lasse meine Gedanken um die geheimnisvolle Vergangenheit der Burg kreisen.

Burg Kampeck

Als die Aufhebung des Ordens der Tempelritter verfügt worden war, drang eine raubgierige Rotte durch Verrat in die Templerburg und mordete alle Ritter. Nur einer rettete sich und schlich in den Stall, bestieg einen Schimmel und wollte fliehen. Doch er wurde verfolgt und als er in der Dunkelheit planlos weiterritt, sah er sich plötzlich vor einem Abgrund. Er konnte sein Pferd nicht rechtzeitig zurückreißen und stürzte mit ihm in den Tod.

Die Abenddämmerung senkt sich herab, als ich gedankenverloren ins Kamptal und hinüber zu den Ruinen von Stallegg blicke …

RUINE KAMMERSTEIN
im Wienerwald

Die vergessene Burg im Hochwald

»… ein uraltes Schloss, vor Zeiten Bertholddorf, das Stammhaus der ehemaligen Herren dieses Namens, ward zum Unterschiede des Marktes Bertholdsdorf, nach vorgedachten Forste, in dem es gelegen, genannt; liegt seit König Albrecht I. Zeit zerstört, der es aus Rache gegen seinen Widersacher Otten, Kämmerer von Bertholdsdorf, A. 1290 einnehmen und verbrennen ließ …«

Steil führt der Wanderweg zwischen Kiefern und Buchen hinauf zu den einsamen und wenig bekannten Mauerresten der Ruine Kammerstein, die sich auf einem Abhang des Parapluiberges westlich von Perchtoldsdorf verbirgt.

Nach einer schweißtreibenden Viertelstunde erspähe ich die mächtigen verwitterten Mauerzüge, die zwischen den kahlen Bäumen aufragen – ein unheimlicher Anblick.

Einst soll die Burg, heute kaum mehr vorstellbar, inmitten von Weinbergen gestanden haben.

Die Burg war vermutlich ein Besitz der Herren von Perchtoldsdorf und entstand um 1250. Im Jahre 1290, als der Adel Österreichs sich gegen die Machtansprüche des Habsburgers Albrecht I. erhob, saß auf diesem »castrum Chemerstain« Otto III. von Perchtoldsdorf, der sich mit den Aufständischen verbündet hatte. Albrecht war kein Mann, der lange zögerte, und auf seinen Befehl wurde die Burg in Brand gesteckt. Hell loderten die vernichtenden Flammen empor, und bis nach Wien sah man am Himmel den roten Schein des Feuers. Otto wurde mitsamt seinen Gefolgsleuten in Eisen gelegt und schmachtete für den Rest seines Lebens im Kerker.

Damit war das Schicksal dieser Burg, die nur wenige Jahrzehnte bestand, besiegelt, und die Natur holte sich in den folgenden Jahrhunderten ihren Platz zurück. Um das Bauwerk ranken sich Legenden wie die folgende:

Das Brunnenmännlein zu Kammerstein

Der einstige herabgekommene Besitzer der alten Feste Kammerstein, auf der waldigen Anhöhe links an der Straße von Rodaun nach Kaltenleutgeben gelegen, sah im Augenblicke seiner größten Bedrängnis aus dem Schlossbrunnen ein grünliches Männlein mit langen Nägeln und glatt herabhängendem Haar auftauchen, welches ihm Hilfe anbot. Das Männlein führte ihn durch einen ihm unbekannt gewesenen Gang zu einem einen unermesslichen Schatz bergenden Gemach, von welchem er sich nach Wunsch nehmen konnte, jedoch unter der Bedingung, dass er sich niemals mehr dem Brunnen näherte. Als er das später doch tat, zog ihn das Brunnenmännlein ins Wasser hinab. In mondhellen Nächten hört man heute noch ein klägliches Wimmern aus dem alten Brunnen …

Der sagenhafte Brunnenschacht soll auch Einstieg in einen Fluchtweg gewesen sein, in dem Waffen und Wertgegenstände der letzten Besitzer versteckt worden seien. Er wurde jedoch im Jahre 1776 verschüttet.

So wenig die Geschichtsbücher über diese Burg wissen, so viele Geheimnisse und Legenden ranken sich um diese Mauern.

RUINE KOLLMITZ
an der Thaya

Die verlorene Burg des Hofkirchners

Fährt man von Kollmitzdörfl die Schotterstraße Richtung Ruine, stößt man mitten im Wald auf ein altes Tor und imposante Mauern. Es sind die gut erhaltenen Reste der 160 Meter langen »Böhmischen Mauer«, die im 15. Jahrhundert zum Schutz gegen die einfallenden Böhmen errichtet worden war. Bald darauf erblickt man hinter den Kiefern die größte Burgruine Niederösterreichs, Kollmitz. Mit ihren zwei Rundtürmen thront sie auf steilem Felsen malerisch über einer Thayaschleife.

Im 13. Jahrhundert waren die ersten Burgherren auf »Cholmunz« vermutlich Lehensleute der Grafen von Raabs.

Als Georg von Podiebrad sich 1448 durch einen Handstreich der Hauptstadt Prag bemächtigt hatte und ein Einfall der Böhmen ins Waldviertel drohte, ließen die seit 1398 auf Kollmitz ansässigen Freiherren von Hofkirchen die »Böhmische Mauer« errichten. Als Podiebrad 1451 mit seinem Heer in Niederösterreich einfiel, bereitete ihm die Kollmitzer Burgmannschaft einen gebührenden Empfang.

Am 4. Mai 1591 fuhr Magister Hiezscholt aus Raabs an der Thaya mit einer Ladung Wein auf den Markt. Unterwegs traf er auf zwei Bedienstete des Kollmitzer Burgherrn Adam Hofkirchen, die ihn beschimpften. Aber auch er blieb ihnen kein Wort schuldig, und so lästerten die beiden auch über seinen Herrn Niklas von Puchheim auf der Raabser Burg. Bei Oberndorf traf der Magister die beiden Söhne von Niklas, Andreas und Hartmann, und er berichtete den Vorfall. Sie setzten sich sofort auf die Spur der beiden Kollmitzer, überwältigten sie und brachten sie in den Hungerturm der väterlichen Burg.

Adam Freiherr von Hofkirchen auf Kollmitz war mit seinem Nachbarn Niklas Freiherr von Puchheim auf Raabs wegen umstrittener Grundnutzung schon lange im Streit. Von Natur aus jähzornig und rachsüchtig, beschloss er, als die Forderung auf Freilassung unbeantwortet blieb, seine Diener gewaltsam zu befreien. Er zog seinen Schwager Ferdinand von Schönkirchen zu Rate und schnell war ein Plan geschmiedet. Auf der einsamen Therasburg wurden wenig Vertrauen erweckende Burschen, die Schönkirchen in Wien angeheuert hatte, eingewiesen und am 15. Mai ging ein Lakai mit Brief und Order an den Puchheimer ab. Es wurden die Königin Elisabeth von Frankreich und der Graf Alphonso von Montecuccoli angekündigt, die abends in Raabs Halt machen wollten. Am selben Tag verließen drei Landkutschen, von sechs Dienern zu Pferde gefolgt, die Therasburg.

Niklas von Puchheim war hocherfreut über so erlauchten Besuch und gegen zehn Uhr abends trafen die drei Kutschen in Raabs ein. Niklas eilte zu den vermeintlichen Gästen in die Vorburg, doch plötzlich trat ihm aus der Finsternis Adam von Hofkirchen entgegen: »Gibst du mir meine Leute heraus oder nicht?« Niklas sah sich von Bewaffneten umstellt und wollte verhandeln: »Das lässt sich doch am besten drinnen besprechen.« Davon wollte Adam nichts hören und es kam zu einem Handgemenge. Drei Schüsse krachten. Während die Diener sich um den sterbenden Raabser Burgherrn kümmerten, entkamen Hofkirchen, Schönkirchen und Genossen im Dunkel der Nacht. In Wien kam es zum Prozess, doch Hofkirchen und Schönkirchen waren über Böhmen nach Polen geflohen. Die Burg Kollmitz hatten sie verloren.

Im Jahre 1620 wurde die Burg durch kaiserliche Truppen verwüstet und erst um 1700 kam es zu Erneuerungen, nun im Besitz des Stiftes Pernegg. 1708 wurde Kollmitz mit der Herrschaft Raabs vereinigt und seither blieb die unbequem gewordene Feste unbewohnt und verfiel. Um 1800 wurde sie abgedeckt, um die lästige Dachsteuer zu sparen, Wind und Wetter besorgten den Rest. Seit 1974 werden Restaurierungen durchgeführt.

Es ist ein warmer Tag im April. Durch den wuchtigen Torbau betrete ich das weitläufige Innere der Ruine, vom runden Bergfried machtvoll überragt. Die Sanierungen sind nicht zu übersehen, trotzdem herrscht noch eine verträumte Atmosphäre in diesen Mauern.

Die Palaswände mit den gähnenden Fensteröffnungen stehen über senkrecht abfallendem Felsen hoch über dem Fluss und mein Blick schweift weit übers Tal hinunter zu den wenigen Häusern von Kollmitzberg. Einige Kellergewölbe blieben noch übrig, zu denen alte Steintreppen hinunterführen. Unten herrscht schummriges Licht und eine angenehme Kühle an diesem heißen Nachmittag.

BURG KREUZENSTEIN
im südlichen Weinviertel

Die Gruft der Familie Wilczek

An einem stürmischen und wechselhaften Apriltag fahre ich die kurvenreiche Straße den Schliefberg hinauf zur Burg Kreuzenstein, die nordwestlich von Korneuburg weithin sichtbar die Landschaft überragt. Bald taucht zwischen den kahlen Bäumen die düstere Silhouette der Burg auf und der starke Westwind treibt immer wieder dunkle Wolkenberge heran. Dazwischen blinzelt gelegentlich die Sonne hervor – perfekte Verhältnisse für mein Fotovorhaben.

Nach kurzem Aufstieg stehe ich vor den gewaltigen Mauern dieser Märchenburg, die Ende des 19. Jahrhunderts entstanden ist. Durch ein Tor mit Fallgitter betritt man den ersten Hof, wo Wasserspeier vom gewaltigen Bergfried teuflisch auf die Besucher herabstarren. Weiter geht es durch ein zweites Tor in den großen Hof, durch einen mächtigen Torbogen zweigeteilt, mit prächtigen Arkaden und dem 60 Meter tiefen Brunnen, der wie damals üblich von Kriegsgefangenen in den Stein gegraben worden war.

Graf Johann Nepomuk Wilczek (1837–1922), Financier der ersten österreichischen Nordpolexpedition, ließ über den alten Ruinenresten von 1897 eine Familiengruft und eine Kapelle errichten. Dadurch auf den Geschmack gekommen, entstand bis 1908 eine Burg, wie sie nach damaligen Vorstellungen im 15. Jahrhundert ausgesehen haben könnte.

Ausgestattet mit wertvollem Mobiliar, Kunstgegenständen und Waffen, die der Graf in allen Ländern der damaligen Monarchie sammelte, wurde eine einmalige Museumsburg im neugotischen Stil errichtet. 1916 durch einen Brand sowie Ende des Zweiten Weltkrieges schwer beschädigt, wurde sie mittlerweile wieder restauriert.

Im Jahre 1115 wird ein Dietrich von Grizanestein erstmals erwähnt und durch eine Erbtochter gelangte die Burg an die Grafen von Wasserburg am Inn, die jedoch 1259 ausstarben. Danach fiel sie an den Böhmenkönig Ottokar II. und nach seiner Niederlage 1278 im Marchfeld an die Habsburger Herzöge.

Kreuzenstein war eine Großburg, in der sich bis zu 1 000 Bewaffnete versammeln konnten und die zusammen mit Burg Greifenstein am anderen Donauufer den Strom kontrollierte. 1408 wurde hier vom Habsburger Herzog Leopold der Wiener Bürgermeister Konrad Vorlauf gefangen gehalten, bevor er am Schweinemarkt in Wien hingerichtet wurde. Im Jahre 1528 wurde in den dunklen Verliesen der Wiedertäufer Dr. Balthasar Hubmayer verhört und gefoltert, danach wurde er in Erdberg als Ketzer verbrannt und seine Frau in der Donau ertränkt.

1585 hatte Ferdinand Graf zu Hardegg die Herrschaft Kreuzenstein erworben, und auch er starb eines gewaltsamen Todes: Wegen Übergabe der Festung Raab an die Türken vor Gericht gestellt und verurteilt, wurde er im Jahre 1595 am Hof zu Wien geköpft.

Während des Dreißigjährigen Krieges wurde die Burg ein letztes Mal befestigt, doch es half nichts: 1645 wurde sie vom Kommandanten Luckas Spicker kampflos an den schwedischen Heerführer Linnart Torstenson übergeben, der hier sein Hauptquartier aufschlug, um auf den Ungarn Rakoczi und seine Truppen zu warten. Gemeinsam wollten sie den Vernichtungsschlag gegen Wien führen. Doch als die Truppen von Erzherzog Leopold von Norden her anrückten, sah sich der siegesverwöhnte Schwede gezwungen, die Zelte im Vorfeld von Wien abzubrechen. Voller Wut ließ er Kreuzenstein sprengen.

An diesem Oktobertag des Jahres 1645 zerfiel das alte »Grizanestein« aus dem 12. Jahrhundert in Trümmer. Tagelang brannte das Feuer und dichte Rauchschwaden zogen bis weit über die Donau.

Damit war das Schicksal der stolzen Feste besiegelt und sie diente über 200 Jahre nur mehr als Steinbruch für die Bauern der Umgebung.

Während der Führung über dunkle Treppen und durch finstere Gewölbe denke ich an die ereignisreiche Vergangenheit der alten Burg und ihre Geister, die sich hier wohl noch immer herumtreiben ...

RUINE KRONSEGG
im südlichen Waldviertel

Das goldene Kegelspiel

Auf einem steilen Waldhügel nordwestlich von Langenlois erhebt sich die finstere Ruine Kronsegg am Rande des Gföhler Waldes.

Im Jahre 1280 wird »Chranzek« urkundlich als Besitz der Markgrafen von Brandenburg erwähnt, es folgen mehrere Besitzerwechsel und Ausbauten bis ins 15. Jahrhundert.

1645 wird die Burg vom Kapitänleutnant Konrad Schreyer in schwedischem Auftrag erobert und teilweise zerstört. Von hier aus plünderte er ein Jahr lang die umliegenden Dörfer, und erst als man ihn in kaiserliche Dienste nahm, fand dieses Treiben ein Ende.

Kronsegg blieb noch bis ins 18. Jahrhundert teilweise bewohnt, danach zog man endgültig ins komfortablere Schloss Schiltern.

Seither verfiel die einsam gelegene, dreitürmige Burg, nur mehr Vögel hausten in ihr und der Wind heulte durch die gähnenden Fensteröffnungen. Die Leute mieden das unheimliche Gemäuer und erzählten sich Sagen und Legenden:

Das goldene Kegelspiel

Ein Ritter auf der Burg Kronsegg lebte in Saus und Braus, soff nächtelang mit seinen Zechkumpanen und verlor im Spiel ungeheure Summen an Geld. Wenn er besonders guter Laune war, vergnügte er sich mit einem goldenen Kegelspiel, das ein Schmied einst für ihn herstellen musste. Seinen Aufgaben, die Menschen der Umgebung vor Raub und Mord zu beschützen, kam er schon lange nicht mehr nach und dementsprechend schlecht ging es seinen Untertanen. Auch seine Burg wurde baufällig, durch die Dächer lief das Wasser. Als die Schweden ins Land kamen, war Kronsegg für sie eine leichte Beute. In seiner Not warf der Ritter sein wertvolles Kegelspiel in den tiefen Burgbrunnen und entkam durch einen Geheimgang dem sicheren Tod. Die Burg wurde von den Schweden niedergebrannt und der Ritter blieb für immer verschwunden. Viele Schatzsucher haben schon nach den wertvollen Kegeln gesucht, keiner hat sie gefunden.

Auch mir kommt dieser Schatz in den Sinn, als ich im Hof der Ruine und ihren dunklen Gewölben auf Motivsuche gehe. Leider werde ich ebenfalls nicht fündig, und so steige ich die nassen Holztreppen empor, die auf einen der Burgtürme führen. Weit schweift mein Blick über die dunklen Hänge des Gföhler Waldes bis zum kleinen Kronsegger Stausee.

Ich denke an den reulosen Ritter. Vielleicht sucht sein ruheloser Geist noch immer nach den verlorenen Kegeln?

RUINE LICHTENFELS
im Waldviertel

Die Burg im See

Zäh hält sich an diesem Herbstmorgen der Nebel über dem Ottensteiner Stausee, an dessen Ufern die zweitürmige Ruine Lichtenfels auf einer bewaldeten Halbinsel thront.

Das war jedoch nicht immer so, denn bis 1957 lag sie hoch über dem rechten Kampufer. Durch die Errichtung des Stausees ergab sich allerdings diese ungemein malerische Lage, die ihresgleichen sucht.

Das Gebiet gehörte zur Rodungsherrschaft des Hartung von Rauhenegg, der mit seinen drei Söhnen Ortolf, Albero und Otto, die sich »Tursen« (Riesen) nannten, hier in der Waldwildnis am Kamp um 1150 eine Burg errichtete. Sie besaßen sie bis 1335. Die tief im Wald versteckte Burg galt als Zufluchtsstätte in höchster Not, so auch 1427, als die Zwettler Zisterziensermönche hier ihre Kloster- und Kirchenschätze vor den plündernden Hussiten in Sicherheit brachten.

Lichtenfels besaß auch die Hohe Gerichtsbarkeit, und aus dem Jahre 1495 blieb eine Art Gesetzbuch erhalten:

»Wenn einer einen falschen Eid schwört, der durch drei Männer, denen zu glauben ist, widerlegt wird, so soll man ihm die drei Finger aus den hinteren Gliedern ziehen und die Zunge aus dem Nacken und das alles nehmen und an den Galgen binden oder zwicken.

Wer einem sein Eheweib beschläft und wird an wahrer Tat ergriffen, so mag der sein Weib selbst richten, wenn er sie an wahrer Tat findet. Will er es aber zu Gericht stehen lassen, so soll das Gericht ihn anhören und also richten, dass man beider Leiber aufeinander bindet, den Mann auf das Weib, in einer Grube, und einen Stecken mit einem Schlegel durch sie beide schlagen.«

Wer seine Steuern am Fälligkeitstage nicht zahlte, hatte eine Buße von 72 Pfennig zu entrichten, nach 14 Tagen das Doppelte. Hatte der Schuldner nach einem Jahr noch immer nicht bezahlt, so wurde sein Haus gepfändet.

Wer einen Grenzstein versetzte, wurde an der ursprünglichen Stelle bis zu den Schultern eingegraben. Dann riss man dem Schuldigen mit einem Pflug den Kopf ab. Der Körperstumpf sollte fortan die richtige Grenzmarke sein.

Aus heutiger Sicht muten diese Strafen wahrlich hart und grausam an.

Noch im 17. Jahrhundert wurde Burg Lichtenfels ausgebaut, aber um 1790 begann ihr Verfall, obwohl sie noch bis ins Jahr 1804 bewohnt war. Damals war sie im Besitz des Reichsfreiherrn Christoph von Bartenstein.

Der Weg führt durch den Campingplatz hinunter zum Stausee, wo ein Pfad auf die Burghöhe führt. Durch zwei alte Tore schreite ich in den Burghof, der vom gewaltigen Bergfried mit seinen leeren Fensteröffnungen und dem versperrten Kapellenturm überragt wird. Irgendwo in den zerfallenen und überwucherten Mauern soll auch ein sagenhafter Schatz verborgen sein, nach dem schon seit Jahrhunderten gesucht wird – doch keiner hat ihn bisher entdeckt.

Der Nebel hat sich inzwischen gelichtet und ich erblicke eine verwunschene Szenerie.

BURG LIECHTENSTEIN
bei Mödling

Romantisches Mittelalter

In einer weiten Parklandschaft nordwestlich von Mödling dominiert die mächtige Burg Liechtenstein über das dicht besiedelte Umland.

Kurz nach Ende des Zweiten Weltkrieges soll sich hier eine merkwürdige Geschichte abgespielt haben: Die Trümmer der Burg dienten als Kulisse für den seit 1938 verbotenen »Jedermann« und einige Leute trafen sich an einem Julinachmittag zur Probe. Bald kam ein Soldat vorbei und schaute ihnen zu. Sie waren nicht sehr erfreut darüber, doch was sollten sie tun? Später wurde auch heftig getrunken und gelacht. Die Vorführung begann, der Soldat schaute weiter gespannt zu. Als ein Schauspieler im Gewand des Todes aus der Burg trat und nach Jedermann greifen wollte, sprang der Soldat auf und rammte ihm sein Messer in die Brust. Der Schauspieler soll jedoch überlebt haben und später in Salzburg aufgetaucht sein. Jene weiße Gestalt aber, die in Vollmondnächten durch die Gänge der Burg geirrt sei und jämmerliche Laute von sich gegeben habe, blieb seither verschwunden. Sollte der Soldat den Geist erlöst haben? Darauf weiß niemand eine Antwort. Seither wurde der »Jedermann« jedenfalls nicht mehr auf Liechtenstein gespielt.

Um 1135 kam der begüterte Hochfreie Hugo in den Besitz der Herrschaft Engilschalchesdorf und ließ sich auf der Felsrippe unweit des Hausberges einen Wohnturm mit Kapelle errichten. Nach diesem nannte er sich »von Liechtenstein«, im Gegensatz zu seinen Herren, die sich »von Schwarzenberg« nannten.

Hugos Nachfahren befanden die Turmburg im 13. Jahrhundert als zu klein und bald war der ganze 48 Meter lange Felsen verbaut. Vorbild waren die zu dieser Zeit aufsehenerregenden Stauferburgen wie die Kaiserburg von Nürnberg. Im 14. Jahrhundert verloren die Liechtensteiner mit einem Großteil ihrer Besitzungen auch ihren Stammsitz an den Landesfürsten.

In den folgenden Jahrhunderten erlebte die Burg die gleichen Schicksalsschläge wie die meisten Wehrbauten des südlichen Niederösterreich: 1480 eroberte sie Ungarnkönig Corvinus und im Jahre 1529 wurde sie von den Türken zerstört. Nun war sie „ödes Gemäuer, in dem man nur mehr schlecht und recht wohnen kann", diente aber noch als Fluchtburg für die geplagte Landbevölkerung. Bei der zweiten Türkeninvasion im Jahre 1683 wurde Liechtenstein endgültig zerlegt und blieb Ruine.

Als 1808 Fürst Johann I. von und zu Liechtenstein den Besitz aus romantischer Begeisterung aufkaufte, war das Gemäuer so baufällig, dass jedes Betreten strengstens verboten wurde. Erst Fürst Johann II. entschloss sich, Liechtenstein im Sinne der romantischen Erneuerungsbauten des ausgehenden 19. Jahrhunderts wieder aufzubauen. Zwischen 1883 und 1903 entstand dann die heutige Schauburg, die allerdings 1945 nochmals stark verwüstet und später mit Hilfe der Bevölkerung wieder restauriert wurde.

Zum Ursprung des Namens »Liechtenstein« gibt es folgende Erzählung:

In einer stürmischen Gewitternacht kämpft sich ein einsamer Ritter durch das Dickicht, als er endlich eine freie Anhöhe mit Blick über die Landschaft erreicht. Aus der Ferne leuchtet ein heller Strahl wie der Schimmer eines Edelsteins. Neue Hoffnung erfüllt den Verirrten und er achtet nicht auf die krachenden Äste, die vor ihm auf den Boden stürzen. Den hellen Strahl vor Augen, erkennt er beim Näherkommen einen mächtigen Turm, auf dessen Spitze ein Edelstein leuchtet. Er klopft ans Tor der Burg und wird vom alten Burgherrn freundlich empfangen. Bald sitzt er in Gesellschaft des Herrn von Enzersdorf, so der Name der Burg, und dessen schöner Nichte Anna von Wagan. Die beiden verlieben sich und heiraten bald. Und so ging die Prophezeiung des Zwerges, der dem Burgherrn den Edelstein geschenkt hat, in Erfüllung: Die letzte Nachkommin der Enzersdorfer hat einen ebenbürtigen Gatten gefunden und wird zur Ahnfrau eines neuen Geschlechtes. Sein Name ist Liechtenstein. Der Edelstein am Turm strahlt nun zwar nicht mehr, aber, so meint der alte Enzersdorfer, was braucht er jetzt noch einen Stein außen, wo im Inneren der Burg für alle Zeiten ein lichter Stein, Liechtenstein, leuchten wird!

RUINE MERKENSTEIN
bei Bad Vöslau

Das Massaker der Türken

Ein schöner, jedoch kalter und windiger Tag im April. Ich folge der breiten Forststraße, die zur weithin sichtbaren Ruine Merkenstein führt, die südwestlich von Baden auf einem Felsen aus den Bäumen des Wienerwaldes ragt. Nach einer knappen halben Stunde sehe ich links des Weges riesige Felsblöcke zwischen den Bäumen und bald darauf die wuchtigen Palasreste der einsamen Ruine. Auf steilem Kalkfelsen, zwischen knorrigen Kiefern und Buchen, richtet sich das zerfetzte Gemäuer mit seinen gähnenden Fensteröffnungen in den blauen Himmel auf.

Auch Beethoven war während seines Badener Aufenthaltes 1814 von dieser Ruine fasziniert, deren Ansicht damals natürlich auf Grund des niedrigeren Bewuchses noch viel freier war.

1141 wird ein Hugo von Merkenstein erwähnt und aus dem Jahre 1180 gibt es einen Brief des Grafen Siboto von Hemstein an einen O. von Merkenstein:

»Graf Siboto grüßt seinen hochgeschätzten Freund und wünscht ihm alles Gute. Wenn Ihr den Befehl, welchen ich Euch geheim erteile, getreu ausführt, will ich alles tun, was Euch lieb ist. Wenn Ihr meinen Feind Rudolf von Piesting geschickt erledigt, trete ich Euch ein Gut vom Panzenbach bis zur Mündung der Piesting ab. Ihr habt mein Wort und zugleich den Auftrag, es möge noch vor St. Michael geschehen. Sieh zu, dass er wenigstens sein Augenlicht verliert, um uns nicht mehr sehen zu können.«

Politische Intrigen und kaltblütigen Auftragsmord scheint es schon sehr lange zu geben.

1314 starben die Merkensteiner aus, danach gab es häufige Besitzerwechsel, während denen die Burg bis ins 17. Jahrhundert zur mächtigen Feste ausgebaut wurde. Im 15. Jahrhundert gehörte Merkenstein zu den heiß umkämpften Burgen und man erzählte sich, dass der Teufel von ihr Besitz ergriffen habe. Denn der damalige Burgherr Johann von Hohenberg hatte sich mit Ungarnkönig Matthias Corvinus verbündet und lag mit Kaiser Friedrich III. in argem Streit. Die Burg sollte erstürmt werden, doch es half alles nichts, sie blieb fest in ungarischer Hand. Im April 1482 rollten schwere Kanonen an, die allerdings beim Zünden der Ladung alle zersprangen! Als die Verteidiger auch noch Fische über die Zinnen warfen, um ihre gute Lage zu demonstrieren, war es zu viel: Die Söldner des Kaisers waren überzeugt, dass die Ungarn mit dem Leibhaftigen verbündet seien und zogen ab.

Zwei Jahre später verkaufte Johann von Hohenberg die Burg in freundschaftlicher Übereinkunft an den ihm einst so feindlich gesinnten Kaiser. Auch der Ansturm der Türken von 1529 brachte die Feste nicht zu Fall, die Heerscharen brachten allerdings Tod und Zerstörung über die Bevölkerung. 1542 hieß der neue Burgherr Franz von Fizin, der die ihm untergebene Landbevölkerung schädigte, wo er nur konnte. 1565 kam es zum Bauernaufstand und die Gebrüder Pleikhenstainer lauerten ihm auf, um ihn mit vier Schüssen zu töten. Die Tat misslang jedoch und die Regierung handelte schnell. Es gelang der Wiener Neustädter Gerichtsbarkeit, der Übeltäter habhaft zu werden, und nach peinlicher Folter wurden sie im Jahre 1568 dem Henker übergeben. Nach einigen Jahren starb auch der verhasste Fizin und die Leute meinten, er sei vom Teufel persönlich geholt worden.

Sein ruheloser Geist soll durch das verfallene Gemäuer wandeln und niemand weiß, wann er für seine Schandtaten gebüßt haben wird.

Während ich auf Motivsuche rund um die verwachsene Ruine pirsche, denke ich an einen der schrecklichsten Vorfälle in der bewegten Geschichte der Burg:

Im Türkenjahr 1683 marschierte Kara Mustafa, der Großwesir von Sultan Mehmed IV., mit einem gewaltigen Reiterheer von 200 000 Mann durch die pannonische Tiefebene Richtung Wien. Am 7. Juli erreichte ein Trupp das Wienerwaldgebiet, unzählige Flüchtlinge vor sich hertreibend. Die verängstigten Männer, Frauen und Kinder suchten in Städten und Burgen Zuflucht, darunter auch Merkenstein. 173 Menschen konnten sich in ihre starken Mauern flüchten und hielten eine Zeitlang der Belagerung stand. Doch durch einen Verbindungsschacht gelang den Türken der Zugang ins Innere. Sie hieben mit ihren Säbeln und Äxten auf die Leute ein, bis keiner mehr am Leben war. Sie ließen »Schloss Mörckhenstain« in Flammen aufgehen.

RUINE MOLLENBURG
im Weitental

Gewaltige Mauern

Vorbei am wuchtigen Schloss Leiben fahre ich durchs kurvenreiche Weitental zur Ruine Mollenburg, die auf einem bewaldeten Hügel beherrschend über dem kleinen Ort Weiten liegt. Die Kuenringerburg des 12. Jahrhunderts wurde 1296 von Albrecht I. zerstört, jedoch unter den Streitwiesern im 14. Jahrhundert wieder aufgebaut. Unter verschiedenen Besitzern entstand bis ins 16. Jahrhundert ein mächtiges Burgschloss, das im Jahre 1860 vom damaligen Verwalter Johann Niedermayer gewaltsam zerstört wurde. Seither waren die mächtigen Mauern Wind und Wetter ausgesetzt. 1975 erwarb Dr. Mauthe das alte Gemäuer und begann mit den Sanierungen, die noch heute von seiner Familie fortgeführt werden.

An einem wechselhaften Septembertag werde ich von der Familie Mauthe freundlich empfangen und wir machen gleich einen Rundgang durch die Ruine. Ich bin angenehm überrascht, denn zwischen den gewaltigen Mauerzügen herrscht noch eine Atmosphäre des Verfalls. Hier wird sehr behutsam restauriert, allerdings erzählen mir Herr und Frau Mauthe auch, dass es sich hierbei um eine Lebensaufgabe handelt.

BURGSCHLOSS OTTENSTEIN
im Waldviertel

Die Burg der Esel

Heute kaum mehr vorstellbar, stand die Burg früher auf ihrem steilen Felsen einsam in tiefster Kampwildnis. Nun befindet sich nicht weit von ihr die gewaltige Staumauer des Ottensteiner Stausees, der Mitte des 20. Jahrhunderts angelegt wurde – Alt und Neu nebeneinander.

Vor 800 Jahren gründete ein gewisser Otto, der das Gebiet als königliche Schenkung erhielt, eine erste Burg, die bald »Ottenstein« genannt wurde.

Im 13. Jahrhundert schädigte das Geschlecht der Ottensteiner, die sich den merkwürdigen Beinamen »die Esel« zugelegt hatten, das Stift Zwettl, wo es nur ging. Um Weihnachten herum plagte sie allerdings immer die Reue und sie beschenkten die Mönche mit Wein, Brot und Fischen. Albero, der letzte Ottensteiner, war nach 1400 Mitglied des »Geräuns«, eines Schnellgerichtes gegen das überhandnehmende Unwesen der »landschädlichen Leute«. Dieses Gericht zog von Ort zu Ort und die vornehmsten Einwohner flüsterten ihm zu, wer die Räuber und wo die Diebe waren. Diejenigen, die man schnappte, wurden vom »Greinmeister« meist ohne viel Federlesens an den nächsten Baum geknüpft.

30 Jahre später war Ottenstein Unterschlupf für einen der gefürchtetsten Wegelagerer seiner Zeit, Tobias Rohr. Er plünderte und brandschatzte das Land, bis er schließlich von einem Exekutionsheer bezwungen wurde. Sein Sohn Albrecht setzte das väterliche Handwerk als »Fehderitter« fort. Er kündigte dem Kaiser seinen Gehorsam auf und überfiel dessen Besitztümer. Vor Friedrich III. kniete er erst wieder, als er mit dem Tod von Ungarnkönig Matthias Corvinus seinen Rückhalt verloren hatte.

Paul und Eustach Stodoligk erweiterten Ottenstein um das Vorwerk und den Torturm, wobei dieser Ausbau im Dreißigjährigen Krieg allerdings nicht viel half. 1620 plünderten die Reiter von Wallenstein die Burg und das Umland und noch im selben Jahr zogen die bayerischen Truppen vorbei. 1626 fielen die Ungarn über die Burg her, aber als 1645 schließlich die Schweden anrückten, belagerten sie die Feste vergeblich.

Unter den Grafen Lamberg, von 1536 bis 1938 die Besitzer, entstand im 18. Jahrhundert der komfortable Schlossbau, der dann während des Zweiten Weltkrieges wiederum beschädigt und geplündert wurde.

Eine schmale Straße durch eine alte Lärchenallee führt zum Parkplatz des Schlosses, den ich Anfang April fast für mich alleine habe. Die türmchenreiche Silhouette des Burgschlosses bietet im wolkenverhangenen Gegenlicht eine geheimnisvolle Szenerie.

Durch den Torturm komme ich in die geräumige Vorburg mit dem Burgrestaurant, dessen Tische und Stühle noch leer sind. Mächtig ragt der Wohntrakt mit seinen vielen Fenstern auf, nur vom 30 Meter hohen Bergfried wird er noch übertrumpft. Die alte Steinbrücke wird von zwei verwitterten Steinhunden bewacht. Durch ein dunkles Torgewölbe schreite ich weiter in den engen Burghof. Der alte Brunnen trägt ein kunstvoll verziertes Schmiedeeisengitter und die Schlossmauern reckten sich, Schluchtwänden gleich, gen Himmel.

BURG PÖGGSTALL
im südlichen Waldviertel

Die peinliche Folter

Am Nordrand des Ortes Pöggstall im Weitental erhebt sich die mächtige Burg Rogendorf mit ihrem gewaltigen Kanonenrondell. In früheren Zeiten von Wasser umgeben, wuchern heute nur mehr Gras und Unkraut in ihren Gräben. Die altersgrauen, verwitterten Mauern bieten einen bedrohlichen und unheimlichen Anblick. Im Laufe der Jahrhunderte begaben sich hier wahrlich schaurige Ereignisse.

Die frühmittelalterliche Burg wurde vermutlich 1295 während des großen Adelsaufstandes gegen Herzog Albrecht I. von Österreich zerstört. Danach kam die Herrschaft an die Herren von Maissau, unter denen der alte Bergfried erbaut wurde. 1478 wurden die steirischen Rogendorfer Herren auf der Burg und bis 1540 entstand unter Caspar Rogendorf das mächtige Wasserschloss mit dem Kanonenrondell.

In dieser Zeit wurde auch die Folterkammer im Bergfried über dem Verlies neu errichtet. Wilhelm Rogendorf war ein Waffengefährte des Verteidigers von Wien, des Grafen Niklas Salm, und kämpfte im Jahre 1529 gegen die Türken. Für seine Verdienste wurde er von Kaiser Karl V. in den Reichsfreiherrenstand erhoben. Die Burg wurde zum persönlichen Eigentum der Familie Rogendorf und erhielt das Recht zur Hohen Gerichtsbarkeit. In den folgenden Jahrhunderten gab es mehrere Besitzer, unter anderem Habsburg-Lothringen, bevor das Schloss 1919 an den Staat Österreich kam; seit 1986 ist es im Besitz der Marktgemeinde Pöggstall.

Im Bauernaufstand des Jahres 1597 stürmten die Rebellen unter ihrem Anführer Prunner das Schloss und plünderten die Rüstkammer. Mit den erbeuteten Geschützen und Waffen belagerten sie Ybbs und drei Monate später stellten sie sich bei Neufelden den Reitern des Generalobersten Morakschy aus Litschau. Doch Morakschy saß bald Gericht über sie und einer seiner »Schwarzen Reiter« berichtete: »Waß wir underweg angetroffen, denen sei ohrn und nassen abgeschnitten, auch ainesthailß erbärmlich erstochen, erschossen und mit partisan, hackhen und prigln erschlagen worden.« Die Expedition des Morakschy durch das Waldviertel und das Alpenvorland südlich der Donau dauerte zwei Monate; über 50 Todesurteile wurden gefällt, 46 an Ort und Stelle vollstreckt.

Als die Burgführerin und ich an einem regnerischen Apriltag durch die gewölbte Toreinfahrt in den Burghof marschieren, wirkt die Burg sehr freundlich. Doch dieser Eindruck täuscht. Eine steinerne Wendeltreppe führt nach oben und nach ein paar Gangfluchten betreten wir die »Kammer des Schreckens«. Ein hoher gewölbter Raum, in den an diesem düsteren Tag nur spärlich Licht fällt, die Wände kalt und grau. Ich sehe ein riesiges Richtrad, ein Beil, Daumen- und Beinschrauben, eine Streckbank, eiserne Ketten. Die Ängste der Delinquenten von damals sind kaum vorstellbar, wenn sie hierher zur »peinlichen Befragung« geführt wurden.

1275 erlaubt der süddeutsche »Schwabenspiegel«, unter dessen Einfluss die österreichische Rechtsprechung des 14. Jahrhunderts stand, die Folter als Beweismittel – Schläge und verschärftes Gefängnis, Hunger, Frost und »andere ubele Dinge« – nur dann, wenn zwei glaubhafte Zeugen die Tat gesehen haben. Erst im 15. Jahrhundert, vor allem seit der Errichtung von Inquisitionstribunalen, am häufigsten aber im 17. und 18. Jahrhundert, wurde die »peinliche Folter« als Hauptbeweismittel angewendet. Vorbehalten war sie den Landgerichten und den vom Landesherrn mit Hoher Gerichtsbarkeit, mit »Stock und Galgen«, »Blutbann«, »Halsgericht« ausgestatteten Grundherrschaften und Stadt- oder Landesbehörden.

Bis zur Mitte des 17. Jahrhunderts wurden die Delinquenten besonders hart behandelt: »Wenn der Verdächtige durch kein Wort zu bewegen, soll der Richter einen Grad nach dem andern unterschiedlich vernemen … Als erstlich … die Kleider ausziehen. Andertens, ihme starck binden. Drittens auf das Räck-Bänkel setzen. Viertens einmal aufziehn. Fünftens, das Reck-Seil anschlagen lassen … Sechstens, man kann auch gegen hartnäckige Leut die Tortur abtheilen, dass man einen zum andern auch zum drittenmal aufziehn läßt … doch das gleichwohl die rechte Maß nicht überschritten und der Gepeinigte zur Vollziehung des Urteils bey Kräften erhalten werde …«.

Natürlich gab es auch Hinrichtungen. In den Pöggstaller Sterbematriken, die seit 1628 bestehen, sind elf Hinrichtungen verzeichnet, bei denen bis zu 6000 Schaulustige anwesend waren. Das letzte Todesurteil wurde im Jahre 1748 über Elisabeth Peridoltin, die ihren Gatten vergiftet haben soll, verhängt und am 21. Februar durch das Richtschwert vollstreckt. Die Hinrichtung wurde auf der »gewöhnlichen Richtstatt« – am Ortsende von Pöggstall – vollzogen und auf dem Schwert war folgender Spruch eingraviert: »Wer findet, eh' es verloren, soll sterben, eh' er krank.«

1776 wurde die Folter von Maria Theresia verboten. Nach Preußen, wo sie bereits 1740 abgeschafft wurde, war Österreich der zweite europäische Staat, der das Verbot aussprach. Die Kammer im Bergfried wurde zugemauert und erst im Jahre 1940 bei Ausbesserungsarbeiten zufällig entdeckt. Ein wertvoller Fund, stellt sie doch die einzige original erhaltene Folterkammer im süddeutschen Sprachraum dar.

Nach Beendigung der Fotoarbeiten steigen wir die Wendeltreppe hinunter in den Hof, über dem der Himmel inzwischen seine Schleusen geöffnet hat. Es regnet in Strömen.

RUINE POTTENBURG
bei Wolfsthal

Die verlorene Maidenburg

An einem bewölkten und windigen Oktobertag mache ich mich auf zum »Öden Schloss«, wie die Ruine auch genannt wird, deren uralter Bergfried auf einem steilen Waldhügel zwischen Hainburg und Bratislava über die Bäume ragt.

Hier an der Hainburger Pforte wachten vor über einem Jahrtausend, als unter den Völkern Europas große Unruhen herrschten, nicht weniger als 15 Burgen. Außer Hainburg, Röthelstein, Devin (Slowakei) und eben der Pottenburg haben jedoch keine sichtbare Spuren hinterlassen.

Nach halbstündiger, gemächlicher Wanderung und der Überkletterung eines Zaunes gelange ich durch ein Tor ins weitläufige und dicht bewachsene Ruinenfeld, das vom düsteren Turm überragt wird. Dieser Turm spielt auch in der Sage vom »Weibersturz« eine zentrale Rolle:

In alten Tagen wurden auf der Pottenburg von der Burgherrin junge Edelknaben in höfischen Tugenden erzogen und an einem dieser Männer fand die Gräfin bald Gefallen. Er befolgte all ihre Befehle und Wünsche und so glaubte sie an Gegenliebe, doch als sie eines Nachts in sein Gemach kam, um sich über ihn zu beugen, entfloh er vor Entsetzen. Diese Schmach konnte sie nicht ertragen und sie war zu allem bereit. Am Abend des nächsten Tages bat sie den Jüngling zu sich, und als er wiederum entfliehen wollte, schrie sie wütend nach ihrem Gemahl. Sie klagte den jungen Mann an, und der Burgherr erschlug ihn mit seinem Schwert. Doch dann schreckte er zurück: Das Gesicht seines Weibes war voller hässlicher Flecken.

In ihrer Verzweiflung suchte die Burgherrin eine tief im Wald lebende Alte auf, die allerhand Salben und Säfte probierte, doch nichts half. Da flüsterte sie: »Da hilft nur das Blut einer Jungfrau!« Die Burgfrau erschrak zunächst, doch dann war ein Plan gefasst: Ihre Knechte lockten junge Bauernmädchen in die Burg, in deren Blut sie badete; die Leichen wurden in eine Grube im Wald geworfen. Aber auch das neue Mittel half nichts und bald gingen seltsame Gerüchte durchs Land. Als sie wieder die alte Hexe aufsuchte, riet diese ihr: »Ihr braucht das Blut einer Adeligen!«

Sie hatte Glück, denn am nächsten Tag war der Besuch des Fräuleins von Preßburg mit ihrem Bruder angekündigt. Sie brauchte nur noch einen perfekten Plan. Die Gräfin wollte mit dem Fräulein den Turm besteigen, der eine brüchige Stelle aufwies, sodass ein Stoß genügen würde, um sie zu zerschmettern. Daraufhin sollte ein Diener den Leichnam in ihr Gemach bringen, wo sie sich mit ihrem Blute waschen konnte. Doch die Dienerschaft flüsterte dem Prinzen, dem Bruder des Fräuleins, zu: »Habt acht auf Eure Schwester!« Und man erzählte ihm von der Grube im Wald. Daraufhin stellte er den Komplizen der Gräfin zur Rede und als dieser auf die Frage: »Wo ist meine Schwester?«, erwiderte: »Die Herrin zeigt dem Fräulein gerade die Turmgemächer«, ahnte der Prinz Schreckliches. Er stürmte den Turm empor und fand beide Frauen in Betrachtung der Landschaft. Die Gräfin erschrak, verbarg es jedoch mit einem Lächeln. Er erkannte die Lage, riss seine Schwester an sich und schleuderte das böse Weib mit den Worten »Fahr zur Hölle« in den Burghof.

Noch heute soll ihr ruheloser Geist nachts oder an nebeligen Tagen mit einem Schluchzen durch das zerfallene Gemäuer streifen.

Die Pottenburg wurde im 11. Jahrhundert gegründet und dürfte nach ihrem ersten Besitzer, dem Grafen Poto, benannt sein. In ihrer wechselvollen Geschichte war sie mal österreichisch, mal ungarisch und erfuhr im 14. Jahrhundert einige Umbauten.

Im Jahre 1482 wurde sie vom Ungarnkönig Matthias Corvinus erobert, der sie zehn Jahre als Grenzburg gegen Westen besaß. Nach seinem Tod fiel sie an Österreich zurück.

Um 1500 hatte sie ihre einst so wichtige Rolle ausgespielt und dem Türkenansturm im Jahre 1529 hielt sie nicht mehr stand. Danach wurde sie nur mehr von der Natur erobert.

SCHLOSSRUINE POTTENDORF
im Wiener Becken

Das verwunschene Wasserschloss

Die Wasserburg der Pottendorfer, ursprünglich aus dem 12. Jahrhundert, wurde im 16. Jahrhundert zu einer mächtigen, dreitürmigen Renaissancefeste erweitert. Die gut erhaltene Schlosskapelle wurde 1474 erbaut.

Noch heute wird die in einem verwilderten, englischen Landschaftspark gelegene Ruine von einem breiten Wassergraben umzogen, der meinen Besuch an einem diesigen Novembertag etwas schwierig gestaltet, weil es die ehemalige Brücke nicht mehr gibt!

Doch ich habe Glück, in einiger Entfernung liegt ein riesiger Baumstamm quer über dem Wasserlauf. Über ihn kann ich ans andere Ufer balancieren. Heil angekommen, kann die mühsame Erkundung durch dichtes Strauchwerk beginnen, und es finden sich lohnende Motive! Ein gut erhaltenes und reich verziertes Renaissancetor gewährt Einlass in den überwucherten Schlosshof, wo jede Menge Schutt und alte Balken liegen. Die Räumlichkeiten sind noch relativ intakt, doch leer und kalt. Über allem liegt eine traurige Atmosphäre, die mich an die Geschichte des Schlosses denken lässt:

Franz Graf Nadasdy, ein ungarischer Magnat und Kaiserlicher Rat Leopolds I. am Wiener Hof, hatte das Schloss im 17. Jahrhundert von den Königsbergern erworben. Hier richtete er sich eine Druckerei ein und die »Pottendorfer Drucke« des Kunstliebhabers wurden auch von Kennern respektiert. Doch verfolgte der Graf noch ganz andere Ziele: Mit den Grafen Zrinyi und Frangipani hatte er sich gegen Kaiser Leopold verschworen, denn Ungarn sollte aus dem Verband der habsburgischen Länder gelöst werden. Die Anführer der Revolte waren bereits verhaftet, als Graf Ursenbeck mit 200 Dragonern nach Pottendorf kam, um den Verräter Nadasdy nach Wien zu bringen. Der Graf floh im Nachthemd in ein Versteck, doch ein alter Diener verriet ihn schließlich nach »peinlichem Verhör«. Die Dragoner machten nebenbei reiche Beute, denn Nadasdy hatte für seine Flucht einiges an Geld gehortet! Nun brachte man ihn nach Wien in die Bürgerstube des alten Rathauses in der Wipplinger Straße, wo er am 30. April 1671 enthauptet wurde.

Mag sein dass sein ruheloser Geist nächtens durch das hohe Gemäuer streift, auf der Suche nach versunkenen Reichtümern, die er allerdings nie mehr finden wird …

BURG RAABS
an der Thaya

Uralte Grenzfestung

Träge ziehen die braunen Fluten hier am Zusammenfluss der Deutschen und der Mährischen Thaya dahin und im seichten Wasser unterhalb des Wehres sonnen sich kleine Weißfische. Dieser wahrhaft idyllische Flecken wird von einer der ältesten und mächtigsten Burgen Österreichs überragt, die sich düster und drohend auf ihrem Felsen inmitten von Raabs erhebt.

Raabs war eine gegen Böhmen und Mähren vorgeschobene Grenzgrafschaft, die mit den anderen Thayaburgen und den nordöstlichen Vorposten Staatz und Falkenstein das Land vor den slawischen Eindringlingen sicherte.

Die Herren von Raabs entstammten österreichischem Hochadel und besaßen als Burggrafen von Nürnberg das Land als reichsunmittelbare Grafschaft. Auf dem kühn über der Thaya aufragenden östlichen Teil des Burgfelsens gründete Gottfried von Rakouz um 1100 ein Festes Haus und die Kapelle. 1283 verpfändete Albrecht I. von Österreich die Grafschaft Raabs seinem Marschall Heinrich von Maissau, danach erhielten die Puchheimer die Herrschaft zu Lehen. Sie waren nun für dreieinhalb Jahrhunderte die Herren auf Burg Raabs und bauten sie bis ins 17. Jahrhundert zu einem gewaltigen Burgschloss aus. Unter ihnen entstand auch der »Umkehr« genannte Vorhof, in dem im Jahre 1591 Niklas von Puchheim von seinem Kollmitzer Burgnachbarn Adam von Hofkirchen ermordet wurde. Die Familie der Puchheimer, streitbare und gefürchtete Protestanten, verdächtigte den katholischen Pfarrer von Raabs, Anton Strohmaier, der Mittäterschaft. Strohmaier wurde jedoch nach zweijähriger Untersuchung mangels Beweisen freigesprochen. Sechs Jahre später ließ der Sohn von Niklas von Puchheim im Vorhof eine Gedenktafel anbringen: »Die Tat hätten vollbracht Ferdinand von Schönkirchen und Adam Hofkirchen samt ihren Adhaerenten Banditen und andern herrenlos gesind, sonderlich Anthonius Stromair, derselben Zeit Pfarrer allhie, Verraetter und Kundschaffter gewesen« (July 1597).

Auch beim Waldviertler Bauernaufstand in den Jahren 1596/97 spielte die Burg Raabs eine Rolle, denn Georg Ehrenreich von Puchheim gehörte zu den von den Bauern am meisten gehassten Grundherren. Mitte Februar des Jahres 1597 ließ Ehrenreich den Allentsteiger Bauernführer in Ketten legen, ins gefürchtete Burgverlies werfen, und forderte eine schnelle Truppenentsendung in die Waldmark an. Diese Tat brachte 3 000 Bauern auf die Beine. Der 75-jährige Schmied zu Kamp überfiel mit seinem Haufen in Straß bei Langenlois die Kaiserlichen und stach 15 von ihnen nieder. Doch die Rache war fürchterlich, über 400 Bauern verloren ihr Leben und die Dörfer gingen reihenweise in Flammen auf.

Zu Beginn des Dreißigjährigen Krieges wurden Burg und Stadt Raabs von den Bayern erobert und 25 Jahre später hatten Kaiserliche die Feste besetzt. Unter den Burgherren des 18. Jahrhunderts waren auch die Freiherren von Bartenstein, die Raabs nochmals schlossartig erweiterten.

Eine tragische Liebesgeschichte hat sich in den 1920er Jahren in den alten Burgmauern zugetragen: Der Industrielle Baron Hugo von Klinger, damaliger Besitzer und Jäger, reiste mit seiner Frau Sybille zur Kur nach Meran. Hier lernte sie den russischen Prinzen und Pianisten Cyril Orlow kennen und lieben. Sybille versteckte ihren Geliebten in der Zinnkammer der Burg und gab Cyril den Rat, ihren Mann zu bitten, sie freizugeben. Baron Hugo und Cyril trafen sich im Wald, wo es zu einem Schusswechsel kam. Beide wurden verletzt ins Krankenhaus gebracht, doch nur der Baron überlebte. Sybille erschoss sich vor Liebeskummer und liegt gemeinsam mit ihrem Mann im »Klinger-Mausoleum« nahe der Ruine Kollmitz hoch über der Thaya begraben.

BURG RAPPOTTENSTEIN
im Waldviertel

In vier stueckh lebendtig schlagen

Auf einem dreiseitig steil abfallenden Granitfelsen südwestlich von Zwettl, hoch über dem Kleinen Kamp, erhebt sich weithin sichtbar die eindrucksvolle Burg Rappottenstein.

Im 12. Jahrhundert errichtete man gegen die Bedrohung durch die Böhmen wirksame Verteidigungslinien entlang der Flüsse Thaya und Kamp. Rapoto von Kuenring-Schönberg gründete hier um 1170 einen ersten Turm, der bis ins 17. Jahrhundert zu einer gewaltigen Festung mit sieben Toren und fünf Höfen erweitert wurde.

Am Anfang des 13. Jahrhunderts waren die Kuenringer auf der Höhe ihrer Macht und sie besaßen bereits weite Teile des »Nordwaldes«. Da sie die Oberherrschaft des Landesfürsten, den sie für nicht sonderlich bedeutend hielten, nicht anerkannten, kam es zu kriegerischen Auseinandersetzungen. 1230 plünderten sie gar die Schatzkammer des Herzogs in Wien, doch auch hierfür hatten sie aufgrund ihrer Macht keine Strafe zu erwarten.

Um dem Herzog weiterhin widerstehen zu können, verbündeten sie sich mit dem Böhmenkönig Ottokar und verloren nach der Schlacht im Marchfeld ihren gesamten Besitz.

Rappottenstein kam an die Dachsberger, die die Burg durch Pfleger verwalten ließen. Diese Pfleger steckten allerdings das Geld vor allem in die eigene Tasche und einer von ihnen, Jakob Pillung, wurde zum Raubritter, der die Umgebung plünderte und das Stift Zwettl fast in den Ruin trieb. Bald konnten die Dachsberger aber den Spieß umdrehen und sie säuberten das Umland vom Raubgesindel. Wer bei einer Untat ertappt wurde, den hängte man ohne viel Federlesens an den nächsten Baum.

Nach dem Tod von Georg von Dachsberg erbte die Familie Starhemberg die Burg, die sie stark ausbauten. Bereits 1546 verkauften sie die Feste wiederum an die Herren von Landau. Im Dezember des Jahres 1595 zogen an die 3 000 aufständische Bauern, angeführt vom Schneidermeister Brunner aus Emmersdorf, vor die gewaltigen Burgmauern. Wolf Kierbeck aus dem nahen Streitbach trug die Beschwerden dem Burgherrn vor: Der Landau fordere 54 Tage Zugrobot ohne Entlohnung, insgesamt 105 Tage Handrobot. Die Weiber und Kinder müssten täglich stundenweit zur Arbeit gehen und würden obendrein beschimpft. Er zahle Landsteuer, Rüstgeld, den Hausgulden, den Leibwochenpfennig, jetzt erhöhte Bier- und Rauchsteuer und den Getreidezehent. Nicht schlachtreifes Vieh würde ihm aus dem Stall getrieben und anders mehr.

Am nächsten Tag zogen die Bauern vor die Burg Weitra, auf ihrem Rückmarsch in die Wachau schauten sie auf der Burg Pöggstall und ihren verhassten Burgherren vorbei. Auch vor Persenbeug, Seisenegg und Karlsbach machten sie Halt.

Im Frühjahr 1597 ordnete Erzherzog Matthias eine Strafexpedition gegen den Bauernhaufen an und fand im Generalobersten Marakschy und seinen »Schwarzen Reitern« bewährte Mannen. In den folgenden zwei Monaten kam es zu unvorstellbaren Gräueltaten, wobei über 50 Todesurteile gefällt wurden: »Der Freymann soll seinen leib in vier stueck lebendtig schlagen und an vier wegstraßen henngken … Stephan Wolfsperger henkt an seinen besten hallß, dass der windt über und unter ihm zusammen wahet.«

Am 10. April 1597 starb auch Wolf Kierbeck. Als er beim peinlichen Verhör eine Sprosse länger gezogen worden war, gestand er, im Ring vor Rappottenstein gestanden zu sein. Am Baum hingen neben und unter ihm weitere sieben Aufständische, unter ihnen auch Michel Kibhofer. Brüllend hatte er auf der Folterbank gestanden, er sei Obristwachtmeister bei den Bauern gewesen, weil die jungen Herren von Landau sein Haus plünderten. Schneidermeister Prunner lag mit über 100 Aufständischen im Gefängnis auf der »Lemengruben« zu Wien. Das Urteil für den Generalobristen lautete: Vierteilen bei lebendigem Leibe und Köpfung. Als er sich katholisch bekannte, wurde das Urteil gemildert und Prunner zuerst enthauptet und dann geviertelt. Sein Haus wurde niedergerissen, auf den Trümmern ein Galgen errichtet und Weib und Kind waren enteignet und leibeigen.

Als die Schweden im Dreißigjährigen Krieg vor Rappottenstein standen, mussten sie vor den unbezwingbaren Mauern kapitulieren. Allerdings wütete die kaiserliche Besatzung, die in der Burg stationiert war, dermaßen, dass am Ende des Krieges alles reichlich verwüstet erschien. 1664 kam die Feste in den Besitz der Grafen von Abensperg und Traun, denen die hervorragend erhaltene Burg noch heute gehört.

Gefürchtet waren in alten Zeiten die Verliese der Burg, besonders der Hungerturm. Er war für grausamste Einzelhaft vorgesehen. In seiner 20 Meter tiefen, stockdunklen Röhre verfaulten langsam die Gefangenen. Die Kuenringer sollen in einem der Verliese ihre Schätze vergraben haben, von mumifizierten Leichen bewacht. Aber man hat in den dunklen Gewölben noch nichts gefunden …

BURG RASTENBERG
im Waldviertel

Keiner wird verschont

Südlich vom Ottensteiner Stausee liegt die mächtige Burg auf ihrem steilen Granitfelsen hoch über dem Purzelkamp.

Eine pittoreske und mystische Szenerie ist es, die ich hier an einem frostigen Novembermorgen erlebe. Nebelschwaden ziehen um das alte Gemäuer und nur fragmentarisch geben sie Blicke auf die Burg frei. Doch das Warten wird belohnt, das Bild ist im Kasten. Herrlich. Burg Rastenberg verweist mit einer in Stein gemeißelten Jahreszahl auf ihr Begründungsjahr: 1188. Damals baute Turs Hugo aus dem Geschlecht der Rauhenegger den fünfeckigen Bergfried mit einem kleinen Palas.

Im 15. Jahrhundert wurde diese kleine, einsam gelegene Turmfeste von böhmischen Kriegsvölkern berannt und ihre damaligen Besitzer, die Neidegger, mussten die stark beschädigte Anlage erneut befestigen. Doch bald zeigte sich, dass die romanisch-gotischen Burgen den Feuerwaffen einfach unterlegen waren. Wilhalm von Neideckh zu Rastenberkh ließ deshalb um 1530 einen wehrhaften dreigeschoßigen Renaissancetrakt vor die alte Burg setzen und seine Söhne Otto und Servatius setzten den Ausbau fort. Gegen die Bedrohungen zur Türkenzeit stand auch schweres Geschütz bereit.

Als zu Beginn des Dreißigjährigen Krieges, im Frühling des Jahres 1620, 40 kaiserliche Musketiere versuchten, der Frauen und Kinder lutherischer und aufständischer Adeliger habhaft zu werden, die mit Hab und Gut nach Rastenberg geflohen waren, sollen nur zehn von ihnen diesen Versuch überlebt haben.

Diese Schmach musste gerächt werden und schon bald stand der kaiserliche Feldherr Bouquoy mit 4000 Mann vor der Burg. In einem Bericht des Pflegers von Ottenstein, Martin Vischer, heißt es 1620: »Rastenfeld ist halb abgebrannt, das ganze Revier rundum ist durch Niederländer als Wallensteinische Reiter ausgeplündert worden, das Vieh alles weggetrieben worden, in Summa wird keiner, es sei wer es will, verschont.«

Knapp vor dem Ende des 30-jährigen Mordens und Plünderns, im März 1645, devastierten 70 schwedische Reiter – sie zogen gegen Ottenstein, Rappottenstein und Zwettl – die Burg Rastenberg vom Keller bis zum Dach. Die Besitzer kamen knapp mit dem Leben davon und konnten sich mit ihren Schätzen in Sicherheit bringen.

Im Jahre 1679 brach im Waldviertel die Pest aus. Leopold Josef Graf von Lamberg, in dessen Familienbesitz die Burg seit 1653 war, floh von seiner Burg Ottenstein auf das einsam gelegene Rastenberg. In Briefen schilderte er seiner Mutter vom großen Sterben in der Gegend und wie seine Untertanen in die Wälder geflüchtet waren und elendig hausen mussten. Er war sehr bemüht, auf seiner Herrschaft, zu der auch die Burg Lichtenfels gehörte, die Kriegsspuren zu tilgen.

Große Schulden zwangen seinen Sohn Franz Anton, die Rastenberger Herrschaft abzustoßen. 1754 kam es unter Johann Christoph Freiherr von Bartenstein zu barocken Erneuerungen, doch schon 50 Jahre später sahen sich seine Nachfahren gezwungen, das Dach der Burg an das Stift Zwettl zu verkaufen. 1804 wurde der schon schadhafte Bau von seinem letzten Bewohner verlassen. 1817 konnte ein Bartenstein den Besitz zurückerwerben und Erneuerungen wurden begonnen, die unter den Grafen Thurn-Valsassina, seit 1872 die Besitzer, vollendet wurden.

Gemächlich wandere ich die kurze Schotterstraße zur Burg hinauf, wo bald der mächtige Renaissancetrakt mit der Spitze des Bergfrieds durch die kahlen Bäume scheint. Durch den Torbau und über die weite Vorburg komme ich zur alten Brücke, die von zwei grimmigen Steinlöwen bewacht wird. Überall wuchert Efeu. Ein schmaler Pfad führt am Waldhang unterhalb der Burg entlang. Es ist atemberaubend und immer wieder unglaublich, wie in alten Zeiten solche Bauten entstehen konnten.

Inzwischen hat sich auch der Nebel verzogen, es wird ein prächtiger Tag.

RUINE RAUHENSTEIN
im Helenental

Das zerteilte Herz

Der Westrand von Baden, am Eingang zum Helenental, wo auf engstem Raum die alten Festen Rauhenstein, Rauheneck und Scharfeneck ein mächtiges Burgendreieck bildeten, war seit jeher ein reicher Nährboden für Mythen und Legenden.

Noch im 19. Jahrhundert vermieden es die Leute, zu nächtlicher Stunde die Straße durchs Helenental zu befahren. Sie fürchteten Begegnungen mit den Wiedergängern, jenen Toten aus dem Reich der ewigen Finsternis, welche in der Nähe ihrer einstigen Verbrechen herumirren und auf neue Opfer warten. Oder mit Geistern von Ermordeten und Eingemauerten, die keine Ruhe finden konnten.

Eine dieser Legenden handelt von der schönen Elsbeth:

Seit frühester Kindheit war die Tochter eines Tursonen auf Rauheneck dem grobschlächtigen Burgherrn auf Rauhenstein versprochen. Doch

Elsbeth verliebte sich in den Ritter Ulrich von Gutenstein. Da das Wort des Vaters und die damit verbundene Ehre zur damaligen Zeit aber unantastbar waren, heiratete sie widerwillig den verhassten Rauhensteiner.

Ulrich trat voller Liebesschmerz dem Templerorden bei und kämpfte im Heiligen Land. Bei einem der Gefechte mit den Muslimen wurde er tödlich verwundet und befahl seinem Knappen mit letzter Kraft jedoch, sein einbalsamiertes Herz seiner geliebten Elsbeth zu bringen. Nach vier Monaten kam der Knappe zur Burg Rauhenstein und wollte durch einen Hohlweg zur Burgherrin schleichen. Doch ein Reitertrupp entdeckte ihn und er wurde in die Burg gebracht, wo auch der Behälter mit dem Herz gefunden wurde. Unter strenger Folter gestand er den Schergen des Rauhensteiners die volle Wahrheit. Voller Eifersucht und Hass ließ der Burgherr Ulrichs Herz zerteilen, um es unter die Speisen zu mischen.

Kaum hatte Elsbeth davon gegessen, enthüllte er seiner Frau die grausige Wahrheit. Die Folgen waren schrecklich: Elsbeth verstarb nach neun Tagen seelischer Schmerzen, den Rauhensteiner Burgherrn jedoch fanden die Waffenknechte eines Morgens mit verrenktem Kopf in seiner Kammer liegend.

Seither soll sein ruheloser Geist im Gemäuer herumirren und Jäger berichten, dass sie zu nächtlicher Stunde eine schemenhafte Gestalt gesehen hätten, die sie beobachtete. Ein Nachtwächter namens Guttenbrunner wollte der Sache auf den Grund gehen: Er wurde am 16. April 1945 erschlagen und mit verrenktem Kopf im Brunnenschacht der verfallenen Burg gefunden.

Die Burg wurde im 12. Jahrhundert vom Geschlecht der »Ruhinsteine« erbaut und im 14. Jahrhundert kam sie an die Pillichsdorfer. Danach folgten die Puchheimer. 1408 überfiel der berüchtigte Räuberhauptmann Johann Laun mit seinen Schnapphähnen die Burg. Der Burgvogt Kuno Toller wurde ermordet, die Feste völlig ausgeplündert.

In den Machtkämpfen während der Regierungszeit Kaiser Friedrichs III. war Hans Wilhelm II. von Puchheim Herr auf Rauhenstein. Aus bitterer Enttäuschung über das Verhalten des Kaisers, dem er einst treu diente, wurde er zu seinem härtesten Gegner. Als eines Tages Kaiserin Eleonore mit ihrem Gefolge nach Heiligenkreuz unterwegs war, wurde sie von den Knechten des Puchheimers überfallen und beraubt. Besonders schmerzlich war für die Kaiserin der Verlust von zwei Hemden, da sie nur drei besaß.

Solch eine Frechheit konnte sich der Kaiser nicht bieten lassen. Am 15. November des Jahres 1466 stürmten kaiserliche Truppen Rauhenstein und pflanzten ihre Fahne auf den Turm. Der Puchheimer konnte durch ein geheimes Hintertürchen, das für solche Fälle vorgesehen war, entwischen. Mit seinem Freund Georg Stein, ebenfalls Gegner des Kaisers, plünderte er die Dörfer und wurde zum Schrecken dieses Landstriches. Hans Wilhelm von Puchheim wurde geächtet, einige Jahre später kam es jedoch zur Versöhnung. Seine Burg Rauhenstein blieb allerdings für ihn verloren, sie kam in den kaiserlichen Besitz.

Im Jahr 1529 wurde die Feste von den Türken erobert und zerstört, bald darauf jedoch wieder aufgebaut.

1583 verkaufte sie Kaiser Rudolf II. für 16 000 rheinische Gulden und in der Folge wechselten die Besitzer häufig. Keiner kümmerte sich wirklich um die alte Burg und langsam begann ihr Verfall. Im 17. Jahrhundert gab es zwar noch einige Zubauten, doch schon 1705 wurde vom Befahren der Brücke dringend abgeraten, im Burginneren sei alles verfallen.

Noch einige Jahre bewohnt, wurde Rauhenstein vom damaligen Besitzer Otto Josef von Quarient und Raal dann abgedeckt, um die Dachsteuer zu sparen.

Um 1800 wurde eine Terpentinfabrik in dem unheimlichen Gemäuer eingerichtet, und als sie 1808 den ungewöhnlichen Standort wieder verließ, waren die dunklen Mauern noch schwärzer geworden.

1825 änderte sich die Lage jedoch, denn Erzherzog Anton ließ eine Stiege auf den Bergfried errichten, damit Interessierte die alte Burg entdecken konnten. Das romantische Zeitalter hatte begonnen.

Auch ich nutze Antons Stiege auf den Turm hinauf, bietet sich doch von oben ein prächtiger Blick auf das Mauergewirr von Rauhenstein bis hinüber zum einsamen Turm von Rauheneck. Dann durchforsche ich ein wenig die Gewölbe und den dunklen Hof der Ruine. Ich kann mir gut vorstellen, dass hier noch die Geister aus alten Tagen herumirren.

SCHLOSS RIEGERSBURG
im nördlichen Waldviertel

Wer die Riegersburg verfallen lässt, wird in der Hölle schmoren

In einer flachen Teichlandschaft an der tschechischen Grenze, unweit von Hardegg in westlicher Richtung, steht ein prunkvoller Schlossbau, der irgendwie nicht hierher zu gehören scheint.

Um 1376 wird eine mittelalterliche Burg erwähnt, die im 15. Jahrhundert im Besitz der Eytzinger, der Familie des gefürchteten Kriegsmannes und Söldnerführers, war. Die »Ruegersburg« gehörte zur der Grenze vorgeschobenen langen Burgenkette, die das Land gegen Einfälle aus Böhmen und Mähren schützen sollte. Die Grafen von Hardegg ließen sie 1496 neu befestigen und unter Sigmund Graf von Hardegg entstand ab 1583 eine Wasserburg mit vier wuchtigen Ecktürmen. Im sumpfigen Gelände stieß man dabei auf Probleme, sodass man die Grundmauern auf Pfeiler setzen musste.

Sigmunds Sohn Johann Wilhelm von Hardegg erwarb zu Beginn des 17. Jahrhunderts, als zahlreiche Herrschaften protestantischer Adeliger günstig zum Verkauf standen, große Ländereien. Doch er stürzte sich damit in große Schulden und nach seinem Tod musste Erbe Julius von Hardegg Konkurs anmelden. 1656 verkaufte Julius die Herrschaften Pritzendorf-Hardegg und Riegersburg an die Söhne des verstorbenen Grafen Saint-Julien. Im Jahre 1730 erwarb Sigismund Friedrich Reichsgraf von Khevenhüller die Güter, dessen Nachfahren noch heute die Besitzer sind.

Reichsgraf Khevenhüller war hoher Staatsbeamter und hatte dem Kaiser in Graz und Kärnten gedient, bevor er 1712 niederösterreichischer Statthalter und Regierungspräsident wurde. Er wollte und musste repräsentieren und gab dem Wiener Stadtbaumeister Pilgram den Auftrag, die bereits ruinöse Wasserburg in ein prunkvolles Schloss umzuwandeln.

Über 40 Jahre dauerten die Bauarbeiten, die vom Sohn des Reichsgrafen, Fürst Johann Josef von Khevenhüller-Metsch, weitergeführt, jedoch nie vollendet wurden.

Bis 1945 diente das Barockschloss als eine der Sommerresidenzen des Fürsten Khevenhüller-Metsch, später zehn Jahre lang als Unterkunft für russische Soldaten. Bei ihrem Abzug plünderten sie die wertvolle Inneneinrichtung. Doch Fürstin Gabrielle zu Khevenhüller-Metsch und später ihre Nachfahren, die Reichsgrafen Pilati von Thassul zu Daxberg, sanierten die Schäden und schufen hier im rauen Norden des Waldviertels ein Kulturzentrum.

An einem bewölkten und bitterkalten Frühlingstag komme ich durch das schmiedeeiserne Tor in den kleinen Park, in dem die Schlossfassade beherrschend aufragt. Von den Gesimsen und Türstürzen starren düstere Steinfratzen herab, so als wollten sie den Fremden davor warnen, das Schloss zu betreten. Der Wind treibt dunkle Wolken heran und das Bauwerk hinterlässt bei mir einen unheimlichen Eindruck. Ich muss unweigerlich an die Geistergeschichten denken, die man sich über dieses alte Gemäuer erzählt.

Ferdinand Graf zu Hardegg, der 1595 wegen Feigheit vor den Türken geköpft wurde, soll hier spuken, und auch der 1905 verstorbene Graf Johann Carl Khevenhüller-Metsch findet der Legende nach keine Ruhe im Grab. Das Fehlen eines direkten Erben dürfte ihn die letzten Jahrzehnte ständig gequält haben, sodass er sich mit seinen 18 Hunden zu trösten versuchte. Für diese Hunde ließ er auch den Hundefriedhof im Park anlegen, die verwitterten Grabsteine sieht man heute noch.

Während ich mein Objektiv auf die Steinskulpturen richte, die im Park am Teichufer aufgereiht sind, kommt mir ein alter Fluch in den Sinn, der auf dem Schloss lasten soll: »Wer die Riegersburg verfallen lässt, wird in der Hölle schmoren!«

DIE ROSENBURG
im Kamptal

300 Mann wurden erstochen

Stolz blickt die Rosenburg von ihrem Steilfelsen hoch über dem Kampfluss südlich von Horn weit über die Landschaft.

Als ich durch den ersten Torturm in den weiten Turnierhof gelange und mich auf Perspektivsuche mache, lassen mich die Falken und ein prächtiger Uhu, die in den Arkaden hocken, nicht aus ihren Augen. Auf ihren nächsten Einsatz bei den Flugvorführungen wartend, verfolgen sie neugierig jede Bewegung.

Ritter und Rittertum waren bereits Legende, als dieser Turnierhof im Jahre 1614 vom damaligen Besitzer, Hofrat Vinzenz Muschinger, errichtet wurde. In dem malerischen Mauergeviert veranstaltete man mit viel zeremoniellem Aufwand Geschicklichkeitsrennen und war bunt kostümiert.

Durch den zweiten Torturm kommt man in den Renaissancehof und durch zwei weitere Torgewölbe in den Burghof der alten Rosenburg. Hier über dem steil abfallenden Felsen entstand um 1175 die Burg des Goczwin von Rosenberc, die im Laufe der Jahrhunderte stark befestigt wurde. 1475 gelangte die Burg an den vermögenden Steirer Caspar von Roggendorf, der sie weiter ausbauen ließ. Das kam dem Abt von Stift Altenburg gerade recht, als er im Jahre 1484 vor Matthias Corvinus und seinem Ungarnheer flüchten musste und auf der Rosenburg seine Klosterschätze in Sicherheit brachte.

1487 kamen die Protestanten Grabner in Besitz der Herrschaft und die Burg wurde zu einem vielbesuchten Zentrum der Reformation in Niederösterreich. Der alte Bau war nun bald zu klein und zu unbequem, sodass in vierjähriger Bauzeit ein prächtiger Schlossbau entstand. Allerdings übernahmen sich die Grabner finanziell dabei und so musste die Feste 1604 an Hans Jörger von Tollet verkauft werden. Als sich die protestantischen Stände 1608 in Horn zu einem bewaffneten Bund gegen das österreichische Kaiserhaus zusammenschlossen, feierte man das Ereignis auf der Rosenburg. Die Räumlichkeiten fassten damals Hunderte Gäste, die Ställe reichten für 60 Pferde und in den Kellern lagerte hektoliterweise erlesener Wein. Zwei Jahre später überließ Hans Jörger, einer der prominentesten Vorkämpfer des Protestantismus, den schwer verschuldeten Besitz dem Horner Bund. 1614 erwarb der kaiserliche Hofrat Muschinger das Burgschloss und erweiterte es eifrig. Am 9. Juli 1620 hatten sich die evangelischen Truppen des »Horner Bundes« unter General Georg Andreas Hofkirchen mit ihren böhmischen Verbündeten vereinigt. Hofkirchen ließ die Burg des kaisertreuen Muschinger stürmen und im Namen Christi ein Blutbad anrichten: »Anno 1620 / Jedermann offenbar / Und zu Rosenberg sein / Gestorben Gross und Klein, / Sigmund Schreiber, / 300 Mann und Weiber / Wie ander Kinder klein. / Gott wollt inen gnedig sein, / Uns behüdn vor Gefahr. / Amen. Das ist wahr.« Das Lied »Es steht ein Schloss in Österreich« besingt dieses traurige Ereignis: »Es währte kaum ein halbes Jahr / Der Todte der wurde gerochen / Es wurden 300 Mann / Des Knaben wegen erstochen«.

1660 ließ Graf Joachim von Windhaag den schon verfallenen Bau zu einem 13-türmigen Prachtschloss ausbauen, das 1681 an die Grafenfamilie Hoyos fiel. Nach Bränden in den Jahren 1721 und 1751 kaum mehr bewohnt, wurde die Rosenburg 1809 durch die Brandschatzungen von Napoleons Soldaten endgültig zur Ruine. Ernst Graf Hoyos-Sprinzenstein ließ das Gemäuer zwischen 1859 und 1889 in historisierendem Stil wieder prunkvoll aufbauen und museal einrichten.

Mittlerweile ist ein voller Reisebus eingetroffen. Mir wird der Rummel eindeutig zu viel und ich freue mich schon auf mein nächstes Ziel, die vergessenen Mauern des »Öden Schlosses« tief in der Kampwildnis.

KIRCHENRUINE ST. CÄCILIA
bei Böheimkirchen

Von den Franzosen niedergebrannt

An einem warmen Juninachmittag marschiere ich zuerst den überwucherten Pfad und später am Feldrand entlang zu den geheimnisvollen Mauerresten der Kirchenruine St. Cäcilia, die südwestlich von Böheimkirchen am Waldrand steht.

Dieses alte Gemäuer hat meinen Bruder und mich schon als Kinder fasziniert. Wenn wir mit dem Auto auf der nahen Westautobahn vorbeifuhren, starrten wir immer neugierig auf die Ruine und spinnten uns irgendwelche Horrorgeschichten zusammen. Unser Vater konnte uns mangels Interesse nichts darüber erzählen.

Heute wissen wir noch immer nicht viel mehr. Die Kirche stammt aus dem 14. Jahrhundert, wurde im 18. Jahrhundert barockisiert und im Jahre 1805, während der Franzosenkriege, von Napoleons Soldaten niedergebrannt.

Mit seinen kleinen Öffnungen ragt der schlanke Glockenturm finster in die Baumkronen, während über den zerfallenen Mauern der Efeu und dichtes Gestrüpp wuchert. Durch das schmale Tor gelangt man ins düstere und modrige Innere der Ruine, wo eine mächtige Stieleiche wächst. Im hintersten Winkel steht ein verwittertes, altes Holzkreuz zwischen den Gesteinsbrocken, die inmitten der Brennnesseln liegen. Vom ruinösen Turm hängt ein vermodertes Seil herab. Haben es Jugendliche für waghalsige Klettereien verwendet oder hat sich jemand daran erhängt? Die Fantasie spinnt sich die finstersten Geschichten zurecht über diese gespenstischen Ruinen, deren Geheimnisse im Dunkel der Zeit verloren sind …

RUINE SCHARFENECK
bei Hof im Leithagebirge

Das Dornröschenschloss

An einem bedeckten und schwülen Juninachmittag bahne ich mir den Weg durch dichte Mückenschwärme hinauf zur Ruine Scharfeneck, die sich östlich von Hof auf einem Waldhügel verbirgt.

Entlang des Weges sieht man einige verwachsene Mauerreste, die vom ehemaligen Kloster St. Anna stammen, das 1783 im Zuge der Säkularisierung Kaiser Josephs II. verlassen wurde.

Nach halbstündiger Wanderung bin ich bei der geheimnisvollen Ruine angelangt, und es bietet sich mir ein herrlicher Anblick: An den gewaltigen Mauern wuchert der Efeu empor, der breite Burggraben ist voller Sträucher und ringsum herrscht Stille. Ein schmales Weglein führt entlang dem Graben rund um die Burg, und durch eines der Löcher in der Mauer gelange ich ins Innere der weitläufigen Anlage, die von der Natur schon großteils erobert wurde. Vorbei am wuchtigen Stumpf des Bergfrieds, der im Jahre 1555 durch einen Blitzschlag auf zehn Meter Höhe gestutzt wurde, steigt man auf die zwei Meter breite Umfassungsmauer, wo sich ein herrlicher Rundblick über den Naturpark Leithagebirge auftut.

Die Burg stammt vermutlich aus dem 11. Jahrhundert, im Jahre 1386 wird Scharfeneck erstmals als Name eines ungarischen Geschlechts erwähnt. Im österreichisch-ungarischen Grenzgebiet herrschten immer wieder Streitigkeiten und 1417 erstrahlte Neu-Scharfeneck als Schloss der ungarischen Könige; um 1470 war es im Besitz von Matthias Corvinus. Im Türkenjahr 1683 war die Burg Zufluchtsstätte für bis zu 3 000 Menschen und von dieser Zeit erzählt auch eine Anekdote:

Ein türkischer Pascha hatte auf einem nahen Hügel, der heute noch »Türkenbergl« heißt, sein Zelt errichten lassen. Als er eines Tages davor saß, um ein Huhn zu verspeisen, erspähte ihn ein Kanonier von Scharfeneck. Er zielte genau und schoss ihm das Brathuhn vom Teller. Zu Tode erschrocken, verließ der Pascha mitsamt seinen Mannen die Gegend.

Nach den Türken verödete die Feste, bald wohnte nur mehr ein Wächter oben und man erzählte sich Legenden über das einsame Gemäuer.

So auch die Sage eines grausamen Ritters und Bauernschinders, der auf der Burg herrschte und die Jagd über alles liebte, bis er in einer finstern Gewitternacht nicht mehr heimkam. Seither reitet er in Vollmondnächten dreimal um die Burg und starrt auf den Efeu, denn erst wenn aus diesem eine Wiege gemacht werden kann und das Kind darin ein Priester wird, ist er erlöst.

Nun ja, die Efeuwurzeln sind ja schon enorm stark, vielleicht hat er es bald überstanden. Auf der Suche nach Motiven pirsche ich noch ein wenig durchs Gemäuer, bevor die Mücken auf dem Rückweg wieder ihre Freude an mir haben.

RUINE SCHAUENSTEIN
im Kamptal

Sagenhafte Schätze

An einem kalten und trüben Novembertag wandere ich von Krug hinüber zur einsamen Ruine Schauenstein, die sich wenige Kilometer südlich von Greillenstein hoch über einer Kampbiegung erhebt.

Gemächlich führt die Forststraße durch den Wald und auf einer Lichtung erspähe ich zunächst den fünfeckigen Bergfried. Nass und rutschig führt der Wiesenweg weiter zum Burghügel, wo das dunkle Schiefermauerwerk durch die kahlen Äste scheint.

Durch ein Torgewölbe gelange ich in den Burghof. Es herrscht eine beklemmende Atmosphäre, vielleicht auch, weil in der Ferne das Geschrei einiger Saatkrähen ertönt. Düster und drohend ragt der sechsstöckige Turm mit seinen dunklen Öffnungen in den grauen Spätherbsthimmel. Für seine Besichtigung braucht man einen Schlüssel.

Das sagenumwobene Schauenstein ist Teil jener stattlichen Reihe mittelalterlicher Burgen, mit denen das Kamptal, das gefürchtete Tor der Mähren und Böhmen nach Österreich, befestigt wurde. Ein »Poppo von Sowenstaine« wird um 1175 urkundlich erwähnt, im 13./14. Jahrhundert betreuten Ministerialen das landesfürstliche Lehen als Burggrafen.

Im 15. Jahrhundert hatte sich der Burgherr Ulrich von Grafeneck mit Ungarnkönig Matthias Corvinus gegen Kaiser Friedrich III. verbündet. Nach langem Zögern entschloss sich der Kaiser im Herbst 1476 der Adelsopposition, den Anhängern von Corvinus, zu denen Heinrich von Liechtenstein, die Herren von Pottendorf, Heinrich von Puchheim und eben auch Ulrich von Grafeneck gehörten, zu Leibe zu rücken. Er ließ Schauenstein von 2 000 Mann bestürmen und schon bald mussten sich seine Widersacher geschlagen geben.

Im 16. Jahrhundert wurde die Burg angesichts drohender Türkengefahr neu befestigt, doch sie musste sich nicht bewähren. 1622 wurde sie von Burgnachbar Hans Georg III., Freiherr von Kuefstein, erworben. Noch heute ist sie im Besitz dieser Familie. Im Jahre 1645 wurde Schauenstein von den Schweden erobert und zerstört.

Seither wohnte niemand mehr in der einsamen Feste über dem Steilabfall zum Kamp hinunter und sie verfiel. Man begann, Legenden über Schauenstein zu erzählen:

Drei Brüder aus Altpölla träumten in der Nacht zum Karfreitag, sie würden am anderen Tag, zur Todesstunde des Herrn, in den alten Mauern von Schauenstein ein gewaltiges Fass Gold finden. Weil sie alle drei den gleichen Traum hatten, wanderten sie am nächsten Tag zur Ruine, zogen mit geweihter Kreide einen großen Kreis und besprengten ihn mit Weihwasser. Dabei durften sie kein einziges Wort sprechen. Sie begannen zu graben, und kaum hatten sie die Schaufel in die Erde gestoßen, so erblickten sie ein großes Fass, gefüllt mit Gold und Edelsteinen. Auf dem Fass saß ein wilder Kobold, der höhnisch zu ihnen sprach: »Das Fass gehört euch, aber der Älteste gehört mir.« Als der Älteste der drei Brüder dies hörte, schrie er laut: »Nein!« Damit hatte er den Bann gebrochen und das Fass verschwand sofort in der Tiefe. Die drei Schatzsucher gingen mit hängenden Köpfen nach Hause.

SCHLOSS SCHÖNBÜHEL
in der Wachau

Am Schönen Bühel

Auf halbem Wege zwischen Melk und Aggsbach thront die imposante Schlossanlage wildromantisch auf ihrem Steilfelsen am rechten Donauufer. Dieser »Schau-Bühel« war bereits im 9. Jahrhundert stark befestigt und im Besitz der Passauer Bischöfe. Im 12. und 13. Jahrhundert entstand dann ein umfangreicher Burgbau, der „Schenbihel" genannt wurde. Im Jahre 1819 kommt der Besitz an die Grafen Geroldingen, die Schönbühel bis 1821 zu seiner heutigen Gestalt ausbauen. Seit 1927 ist das hervorragend erhaltene Schloss Privatbesitz der Grafen Seilem-Aspang.

RUINE SCHWARZAU
im südlichen Waldviertel

Der dunkle Turm

An einem schönen Juninachmittag besuche ich die Mauern der Schlossruine Zeißing, die mich jedoch nicht wirklich fesseln können. Weiter geht die Fahrt zur abgelegenen und kaum bekannten Ruine Schwarzau, die sich nördlich von Artstetten auf einem Wiesenhügel am Westrand des Dorfes erhebt.

Es sind die bizarren Mauern eines wuchtigen Wohnturmes aus dunklem Gestein, die hier in den Himmel ragen und das Fotografenherz lacht vor Freude.

Im Jahre 1179 wird ein »Egelolf de Svarzahe« erstmals erwähnt und im 14. Jahrhundert ist der Turm im Besitz von Konrad dem Fritzelsdorfer. Nach 1400 wurde Schwarzau bereits dem Verfall überlassen und diente nur noch als Nistplatz für Vögel und Steinbruch für die Bauern der Umgebung.

Die Ruine Schwarzau ist eines jener zahlreichen vergessenen Gemäuer, über deren Geschichte sich der Mantel des Schweigens gehüllt hat.

RUINE SCHWARZENBACH
in der Buckligen Welt

Von den Türken verschont und doch verfallen

Auf dem steil abfallenden Schlossberg am Rande von Schwarzenbach nahe der burgenländischen Grenze verbergen sich mächtige Mauerzüge. Es sind die Reste der Burg Schwarzenbach, urkundlich erstmals im Jahre 1254 erwähnt, aber wohl um einiges älter. Der landesfürstliche Besitz wurde bis ins 16. Jahrhundert zum umfangreichen Burgschloss ausgebaut und auch mehrfach von den Ungarn besetzt. Als die Türken im Jahre 1683 einfielen, dürften sie an der Feste hingegen kein großes Interesse gehabt haben, denn sie blieb verschont. Oder schien sie uneinnehmbar? Niemand kann das heute sagen. Jedenfalls gelangte die Burg 1686 an die Fürsten von Esterhazy, die sie jedoch dem Verfall überließen.

Wir besuchen die vergessene Ruine 320 Jahre später. Am Beginn der Forststraße warnen Schilder vor der Einsturzgefahr, was Vorfreude in uns weckt, denn somit ist stimmungsvolle Atmosphäre garantiert. Der Weg führt gemächlich den Hügel hinauf, bald stehen wir vor einer riesenhaften Maueröffnung, die wohl einmal das äußere Burgtor war. Das ganze Areal ist dicht mit Bäumen und Büschen bewachsen und wir sind froh, an einem trüben Novembertag hier zu sein, denn zur belaubten Jahreszeit könnte man kaum etwas fotografieren. Es gilt, ein weitläufiges Areal zu durchforsten, über dem eine eigenartige Melancholie schwebt.

BURG SEEBENSTEIN
in der Buckligen Welt

Die romantische Gesellschaft der Wildensteiner

Von ihrem steilen Waldhügel oberhalb des Ortes Seebenstein, einige Kilometer südöstlich von Neunkirchen, blickt die uralte Burg weit über das Pittental.

»Sewenstein« am Handelsweg in die Karantanische Mark ist im Jahre 1170 urkundlich erwähnt, wurde aber vermutlich bereits 1042, nach der Schlacht gegen die Ungarn bei Pitten, zusammen mit 16 anderen Burgen gegründet. Mitte des 12. Jahrhunderts saßen die Wildensteiner auf der Burg, später die Liechtensteiner, im 15. Jahrhundert die Seebecker und dann für 200 Jahre die Königsberger aus Kärnten. Unter den Königsbergern erfolgte im 17. Jahrhundert auch der umfangreiche Ausbau im Renaissancestil. Im 15. Jahrhundert musste sich Seebenstein gegen die Ungarn, im 16. Jahrhundert gegen die Türken bewähren. Auch der Türkensturm im Jahre 1683 konnte der neu befestigten Anlage, hinter deren mächtigen Mauern sich hunderte Menschen erfolgreich verbergen konnten, nichts anhaben.

Erst im 18. Jahrhundert begann die abgelegene Burg unter den Grafen von Pergen langsam zu veröden. Im Jahre 1772 wurde die Halbruine vom Wiener Neustädter Zahlmeister David Steiger erworben, der hier seine umfangreiche Mineraliensammlung ausstellte. Der romantische Schwärmer für vaterländische Geschichte, Wehr und Ehr gründete hier 1790 als »Oberritter Heinz am Stein der Wilden« die ritterliche Gesellschaft der »Wildensteiner zur blauen Erde«. Es war eine recht merkwürdige Gesellschaft, die sich hier zusammenfand und auf der großen Wiese vor der Burg Turniere und Spiele aufführte. Obwohl manche Zeitgenossen dieses Getue als lächerlich empfanden, zählten zu dieser Gesellschaft ranghohe Persönlichkeiten wie Erzherzog Johann, Prinz Wilhelm von Preußen, Prinz Leopold von Sachsen-Coburg und Karl August von Weimar, ein Freund von Goethe. Im Mai 1811 kam sogar Kaiser Franz I. persönlich nach Seebenstein und zeigte sich sehr begeistert: »Ich finde alles über alle Erwartungen, mündlich das Mehrere«. Das fröhliche Treiben ging noch einige Jahre weiter, bis schließlich 1823 ein Schreiben vom Wiener Hof eintraf. Auf allerhöchsten Befehl wurde die unverzügliche Auflösung der Gesellschaft angeordnet, denn man vermutete staatsgefährdende Geheimbündelei.

1824 wurde der Besitz von Johannes Karl von und zu Liechtenstein erworben, der jedoch nur das 1733 im Ort errichtete Schloss bewohnte, das heute nicht mehr existiert. Die Burg ließ er teilweise abbrechen, um ihren verfallenen Charakter zu unterstreichen, denn zur Zeit der Romantik schwärmte man für Ruinen. Aus den Steinen entstand die unweit der Burg auf steilem Felsen aufragende Kunstruine »Türkensturz«. 1942 gelangte die Burg Seebenstein in Privatbesitz und wurde liebevoll mit allerlei Kunst und Antiquitäten aus aller Welt eingerichtet.

An einem heißen Julitag wandere ich gemächlich die breite Forststraße hinauf zur großen Turnierwiese. Ich genieße die Stille und den romantischen Anblick der alten Mauern – wie vor über 200 Jahren wohl auch David Steiger. Die schwere Holztüre öffnet sich und der Burgführer begrüßt mich freundlich. Da ich heute der einzige Besucher bin, komme ich in den Genuss einer individuellen Führung, allerdings gegen Aufpreis. Durch drei Toranlagen und vorbei am alten Bergfried gelangen wir ins kühle Innere der Burg. Eine steile Treppe führt hinauf, wo ein uraltes Sägefischpräparat hängt, das man im Mittelalter zur Abschreckung böser Geister verwendete.

Der kleine Innenhof mit seinem schmiedeeisenverzierten Brunnen wird von den wuchtigen Schlossfassaden überragt. Er hinterlässt einen besonders romantischen Eindruck. Durch ein Wirrwarr von kostbar ausgestatteten Räumen gelangen wir schließlich auch in die Waffenkammer und die Gefängniszellen. Im fahlen Lichtschein sieht man uralte Gerätschaften, die wohl so manches Geständnis herauslockten. Nach Ende der Führung wähle ich zum Abstieg den »Rittersteig«, der mich durch ein mächtiges Renaissancetor führt. Während ich mein Stativ aufbaue und das Bild komponiere, denke ich zurück an David Steiger und seine romantische Gesellschaft.

RUINE SENFTENBERG
im südlichen Waldviertel

Bizarre Mauern über den Weingärten

Der Ort Senftenberg, einige Kilometer nordwestlich von Krems, wird von der Gestalt seiner weithin sichtbaren Ruine beherrscht.

Die oberhalb einer Kremsschleife und über den Weinhängen malerisch gelegene Anlage wurde um 1200 von den Hochfreien von Senftenberc, die mit den Kuenringern verwandt waren, erbaut. 1408 wurde die Burg von Herzog Leopold IV. erobert und geplündert, danach aber wieder errichtet. Im Jahre 1529 wurde sie von den Türken abermals niedergebrannt. Danach wurde sie nicht mehr bewohnt und diente während des Dreißigjährigen Krieges bloß als Zufluchtsort. 1645, als der schwedische Befehlshaber Torstenson mit seinen Truppen Richtung Wien zog, ließ er die ehemals mächtige Feste endgültig sprengen.

Vorbei an der alten Wehrkirche St. Andreas führt ein schmaler Pfad am Rande der Weingärten hinauf zu den bizarren Mauertrümmern. Die Sonne brennt an diesem Maitag heiß vom strahlend blauen Himmel. Während eines kurzen Fotostopps erspähe ich am Boden einige alte Scherben und mir kommt die Sage über die wütenden Zwerge in den Sinn:

Ein Ritter liebte die Tochter des alten Herrn von Senftenberg. Dieser wollte in die Hochzeit nur einwilligen, wenn ihm der Ritter in einer einzigen Nacht eine breite Straße zum Burgtor bauen würde. Im Dienste des Ritters standen einige Zwerge, denen er für diese Arbeit die Freiheit versprach. Die Zwerge begannen zu schuften, doch kurz vor der Vollendung krähte der Hahn. Blitzschnell verschwand das fleißige Zwergenvolk. Der Ritter erkannte jedoch, das der Burgknecht den Hahnenschrei nachgeahmt hatte. Daraufhin baute er mit seinem Knappen die Straße fertig und bekam als Lohn die schöne Tochter des Senftenbergers zur Frau. Die Zwerge kochten nun vor Wut, drangen in die Burg ein und zerschlugen alle Töpfe und Gläser.

RUINE SICHTENBERG
bei Loosdorf

Vergessenes Gemäuer

»Sichtenberg, ein altes Schloss und Gut der Herrschaft Schallaburg, ein Feldweges südwärts von Melk entlegen«.

Es ist ein schöner Nachmittag Anfang Mai. Ich bin unterwegs zur Ruine Sichtenberg, die sich südlich von Loosdorf auf einem steilen Waldhügel oberhalb des Dorfes Groß-Schollach verbirgt. Am Fuße des Burghügels parke ich den Wagen und folge dem schmalen Weglein, das durch dunkle Fichten steil bergauf führt. Ein paar Schritte, und schon sehe ich das Mauerwerk durch frisches Laubgrün schimmern. Vorbei am zwei Stock hohen, romanischen Bergfriedrest gelange ich auf das eigentliche Burgplateau, wo bizarres Palasgemäuer bis in die Baumkronen der Buchen ragt. Dieser einsame Platz lädt zur Rast ein.

Die Geschichte weiß wenig über diese Burg. 1147 wird die Familie der Sichtenberger erstmals erwähnt, im 16. Jahrhundert wurde die Burg vermutlich verlassen. Im Jahre 1672 hat sie der berühmte Burgenzeichner Georg Matthäus Vischer nicht mehr gemalt, sie war schon verfallen.

Südöstlich der weithin bekannten Schallaburg fristet dieses Gemäuer ein vergessenes Dasein. Sein Schicksal und seine Geheimnisse sind in den Nebeln der Zeit verschwunden.

RUINE STAATZ
im Weinviertel

Der Krieg muss den Krieg ernähren

Ein pittoreskes und eindrucksvolles Bild bietet sich mir hier nordwestlich von Mistelbach: Es sind die ausgebleichten Mauerreste der Ruine Staatz, die den gewaltigen Kalkfelsen hoch über den Feldern und Häusern des Ortes bekrönen.

An einem wechselhaften und ziemlich windigen Oktobertag steige ich den schmalen und steinigen Pfad den Burghügel hinauf. Der Wind bläst kalt über die Anhöhe, auf welcher der wuchtige Bergfried in die Wolken ragt, und mein Blick schweift weit über die flache Landschaft.

Auch die Herren von Staatz, die hier im 11. Jahrhundert eine Burg gründeten, sahen von diesem Felsen aus weit ins Land, was in früheren Zeiten überlebenswichtig war. Damals war das Grenzland um Staatz oft Schauplatz blutiger Auseinandersetzungen. 1176 verwüsteten Sobieslav von Böhmen und Konrad von Mähren das Land, zwei Jahre später rächten sich die Österreicher und verheerten die Gebiete nördlich der Thaya, wobei auch Brünn erobert wurde.

Zweimal kam es zum Krieg zwischen Böhmenkönig Vladislav und Friedrich dem Streitbaren. Das erste Mal, als Vladislav im Auftrag des Kaisers das gesamte nördliche Niederösterreich besetzte, das zweite Mal, als er Friedrichs Nichte Gertrude mit seinem Sohn Vaclav vermählen wollte, um den kinderlosen Herzog von Österreich zu beerben. Im Jahre 1246 gelang Friedrich dem Streitbaren ein Sieg bei Staatz gegen seine verbündeten Gegner, die Böhmen und Kärntner. Der Kärntner Herzog wurde als Gefangener auf die Feste Staatz geschleppt, dem Böhmenkönig gelang noch rechtzeitig der Rückzug. Nur gegen hohes Lösegeld war Friedrich bereit, den Kärntner freizulassen, den gefangenen Mannschaften ließ er Ohren und Nasen abschneiden und schickte sie verstümmelt nach Hause. Aber er war noch immer voller Zorn, und auch die beiden böhmischen Burgen Rosenstein und Maidenburg, heute bizarre Ruinen in den Pollauer Bergen knapp hinter der Grenze, waren ihm ein Dorn im Auge. Mit hohen Bestechungsgeldern wollte er die Burgherren zur Übergabe der Festungen bewegen, doch diese empfanden das als Beleidigung. Also ließ er die beiden Burgherren überfallen und als Gefangene auf Staatz bringen. Selbst grausame Folter konnte ihre Treue zum Böhmenkönig nicht brechen. Friedrich musste die beiden wieder freilassen, für das stolze Lösegeld endete auch die Haft für den Kärntner Herzog und endlich zog wieder Frieden ins Land.

Nach den Staatzern waren die Maissauer Besitzer der unbezwingbaren Festung auf dem 80 Meter hohen Steilfelsen. 1407 brannten ringsum Dörfer, als plündernde Räuberbanden des Johann von Lamberg, den man »Sokol« nannte, die verfeindeten Habsburger Brüder Leopold und Ernst bedrängten und das ganze Land verwüsteten.

Als 20 Jahre später die Hussiten einfielen, wurde Burg Staatz erstmals beschädigt, erobert werden konnte sie jedoch nicht. Das gelang 1439 auch den Räuberbanden des Ritters Jan von Lichtenberg zu Vöttau nicht, dessen Männer selbst steile Burgfelsen überwinden konnten. Der tapfere Niklas Truchsess, damals Pfleger auf Staatz, konnte den Angriff abwehren.

Am 24. April des Jahres 1645 standen schwedische Truppen unter Jordan vor dem Staatzer Burghügel und forderten die Übergabe auf Gnade oder Ungnade. Durch eine »Kriegslist« gelang die Einnahme der Festung, sie wurde geplündert und niedergebrannt. Die Zeit der schwedischen Besetzung des Landes stand unter der schrecklichen Devise: »Der Krieg muss den Krieg ernähren!« Das bedeutete Raub und Plünderung, Brandschatzung und Erpressung.

Seit jenen Tagen soll auf den zerfallenen Mauern der einst so stolzen Feste eine schwarz gekleidete und von Schmerzen gebeugte Frau zu sehen sein, die mit warnenden Händen auf das so oft zerstörte Städtchen am Fuße des Burghügels zeigt.

1646 wandte sich das Kriegsglück, bei den Friedensverhandlungen in Westfalen nahm auch der damalige Staatzer Burgherr Seyfrit Breuner teil. Im August konnten die Kaiserlichen Niederösterreich von Süden her zurückerobern und die zwanzig Schweden, die noch auf Staatz hockten, suchten freiwillig das Weite. Die Burg war jedoch dermaßen verwüstet, dass es Breuner vorzog, nach Asparn zu übersiedeln.

Während der Türkeninvasion des Jahres 1683 nutzte man die halbverfallene Burg noch als Zufluchtsort für die Bevölkerung, danach hatte sie endgültig ausgedient.

Der Wind ist schärfer und die Wolken sind dichter geworden, bald wird sich die Abenddämmerung herabsenken. Wer weiß, vielleicht erscheint sie dann wieder, die »Schwarze Frau von Staatz« …

RUINE STARHEMBERG
im Piestingtal

Keine Frau war vor ihm sicher

Ich staune nicht schlecht, als ich an diesem herrlichen Maitag zur südwestlich oberhalb von Markt Piesting gelegenen Ruine Starhemberg komme. Mein letzter Besuch liegt schon über sieben Jahre zurück und ich habe ein gepflegtes Ruinenfeld in Erinnerung. Doch diesmal ist das weitläufige Innere des alten Gemäuers dicht mit meterhohen Büschen verwachsen. Vorbei am bizarren Rundturmrest bahne ich mir einen Weg durch das Dickicht und dort, wo die gewaltigen Palasreste finster in den Himmel ragen, wird das Gestrüpp lichter. Das Fotografieren ist ein wenig erschwert, allerdings liegt eine herrlich verwunschene Atmosphäre über den verwitterten Mauern.

Um 1040 ließen die steirischen Markgrafen hier auf dem »starken Berg« eine erste Grenzburg gegen Ungarn errichten. Als das Gebiet 1192 mit der Steiermark zu Österreich kam, wurde die Kleinburg unter dem letzten Babenberger, Friedrich II. dem Streitbaren, erweitert und neu befestigt. Vom Kaiser geächtet, vom Großteil des Adels bekämpft, von den Untertanen gefürchtet und gemieden, zog sich der Herzog nach 1236 öfter in seinen »Palast« zurück. Im Nordtrakt der Burg befand sich ein Schatzgewölbe, in dem er seinen Familienschatz, Archiv und Urkunden unterbrachte.

Frauen waren Freiwild für seine Liebesexzesse und die Väter und Männer der von ihm missbrauchten Mädchen und Frauen ließ er martern und töten. Sogar seine eigene Mutter hatte er misshandelt und verjagt, seinen Schwager überfallen und Klöster geplündert.

Im Jahre 1245 bot man dem einst Geächteten dennoch die Königskrone für Österreich und die Steiermark an. Am 15. Juni 1246 sank Friedrich während eines Kampfes gegen die bei Pottendorf anrückenden Ungarn, von einem Speer ins Auge getroffen, vom Pferd. Erst spät fand man die völlig verstümmelte Leiche und man vermutete, dass er von einem der Seinen hinterrücks ermordet worden war.

Nach seinem Tod hütete der Deutsche Ritterorden den Schatz der Babenberger und nach jahrelangen Erbstreitigkeiten wurde Margarethe, Friedrichs Schwester und spätere Gattin Ottokars von Böhmen, Herrin auf Starhemberg. Nach dem Sieg Rudolfs von Habsburg über Ottokar 1278 blieb die Burg landesfürstlich.

Im Bruderkrieg zwischen Leopold und Ernst um die Vormundschaft des minderjährigen Albrecht spielte Starhemberg eine wesentliche Rolle: 1410 brach in Wien die Pest aus und der junge Albrecht wurde auf der Burg in Sicherheit gebracht. Im Frühjahr darauf wurde er von den leopoldinischen Gegenspielern nach Eggenburg entführt.

Im 15. Jahrhundert wurde die Feste vorübergehend von Ungarnkönig Corvinus besetzt. Wegen ihrer schlechten finanziellen Lage mussten die Habsburger Starhemberg nach 1500 verpfänden und unter den Heussenstein entstanden nach 1577 Renaissancetrakte. 1683 galt die Feste als einer der besten Zufluchtsorte für mehrere hundert Menschen der Umgebung, die Schutz vor den türkischen »Rennern und Brennern« suchten. Starhemberg konnte von ihnen nicht erobert werden.

Den Bewohnern des nahe gelegenen Willendorf verweigerte der Burgvogt jedoch den Schutz seiner Mauern und viele von ihnen fanden einen grausamen Tod. Nach dem Krieg verweigerten dann die Bauern ihre Ablieferungen an die Herrschaft und es kam zu einem Prozess. Die Bauern konnten ihn gegen den schurkischen Vogt gewinnen.

Um 1800 ließ man die Tür- und Fensterleibungen aus den Mauern brechen und schließlich das Dach der ehemals so stolzen Burg abtragen. 1870 stürzte ein Großteil des Palas ein und bis nach 1930 diente das weitläufige Gemäuer als Steinbruch für die Häuslbauer der Umgebung.

Im Mai 1945 brach der alte romanische Rundturm im Feuer russischer Artillerie zusammen, denn die SS hatte in den alten Mauern einen Beobachtungsposten errichtet. Im Jahre 1951 begann man schließlich, die verbliebenen Reste zu sichern.

Dunkle Wolken sind aufgezogen. Ich streife zwischen den geborstenen Mauern umher und entdecke die Reste der geheimnisvollen Annakapelle, in der sich vor Hunderten von Jahren auch eine Teufelsaustreibung zugetragen haben soll:

Veronika Steiner war eine arme Magd der Herren von Taxis und das Volk munkelte, dass sie den Teufel im Leib hätte. Der aus Wien angereiste Jesuitenpater Dr. Johann Magius stellte nach gründlicher Arbeit fest, dass es sogar 30 Teufel seien, die sich in ihr eingenistet hätten. Fünf Männer mussten die arme Veronika festhalten, bis es Magius schließlich gelang, auch den letzten Teufel, der sich besonders hartnäckig gewehrt hatte, auszutreiben.

SCHLOSS STARREIN
im Waldviertel

Das trockengelegte Wasserschloss

Südöstlich von Stift Geras liegt das kleine Dorf Starrein, an dessen Ortsrand dieser kleine, jedoch wuchtige Schlossbau aufragt.

1198 wird ein Ortlieb von Starein urkundlich genannt, damals entstand die alte Wasserburg. Im Jahre 1431 kommt sie in den Besitz der Stockhomer, die ab 1570 den Ausbau zum Schloss veranlassen.

1887 brannte das Wasserschloss ab, wurde jedoch wieder erneuert; heute ist es Privatbesitz und in einen Bio-Bauernhof integriert.

An einem kalten und wechselhaften Novembertag schiebt der starke Wind dunkle Wolkenberge vor sich her. Das ideale Wetter für mein Vorhaben, bietet sich doch so die gewünschte düstere Atmosphäre.

Das Schloss mit seinem alten Bergfried und den verwitterten Mauern hinterlässt einen drohenden und unheimlichen Eindruck. Die Wassergräben wurden vor vielen Jahren trockengelegt, nun wachsen einige Bäume in den Wiesen.

Während ich mein Stativ aufbaue, nähert sich rasch neuerlich eine Wolkenfront. Schnelles Arbeiten ist gefragt, doch ich habe Glück, die Bilder sind im Kasten. Die ersten Regentropfen fallen. Während ich zusammenpacke, denke ich darüber nach, welche Geheimnisse und Schicksale auf diesen alten Mauern lasten könnten.

SCHLOSS STEINABRUNN
im Weinviertel

Die unheimlichen Türme

Südöstlich von Hollabrunn liegt der kleine Ort Steinabrunn mit seiner mächtigen Schlossanlage, die von vier unterschiedlichen Türmen flankiert wird. Auf einer Weinviertel-Rundfahrt kam ich an einem bedeckten Novembertag hier vorbei und war von der düsteren Atmosphäre, die das alte Gemäuer ausstrahlte, hellauf begeistert.

Das Adelsgeschlecht der Steinabrunn, das hier im 13. Jahrhundert eine Wasserburg gründete, scheint erstmals im Jahre 1298 auf. Durch die Familie Volkra entstand im 17. Jahrhundert dann der umfangreiche Schlossbau, der jedoch bereits 1762 durch Wenzel Graf von Sinzendorf geschleift wurde.

Heute liegen die Wassergräben trocken und über den Mauern schwebt eine geheimnisvolle Aura des Verfalls.

SCHLOSS STOCKERN
im Waldviertel

Die Waffen nieder

Am Rande des kleinen Dorfes Stockern östlich von Horn fristet diese weitläufige Schlossanlage ein vergessenes Dasein.

An einem Junitag komme ich erstmals zu dem verwunschen wirkenden Gemäuer mit seinen wuchtigen Rundtürmen, von denen der Putz abbröckelt und die Fensterläden im Wind klappern.

Das Geschlecht der Stockhorner wird um 1200 erwähnt. Sie besaßen die ehemalige Wasserburg bis 1474, denn da wurde sie auf Befehl Kaiser Friedrichs III. durch Stephan von Eytzing eingenommen und vermutlich zerstört. Im Jahre 1507 kommt sie in den Besitz von Ulrich von Haselbach, unter dem ein erster Renaissanceumbau erfolgt, der von den nachfolgenden Besitzern vollendet wird.

Ab 1880 befindet sich das Anwesen in Besitz der Familie Suttner und im Jahre 1899 schrieb hier die bekannte Schriftstellerin Bertha von Suttner ihr Werk »Die Waffen nieder«.

Die alte Steinbrücke, von zwei verwitterten Greifen bewacht, führt hinüber zum morschen Tor. Dahinter herrscht Totenstille. Auch die benachbarte Kapelle ist zur Ruine verfallen ...

RUINE STREITWIESEN
im südlichen Waldviertel

Der Bruderzwist

Auf einem Wiesenhügel am Rande des Dorfes Streitwiesen östlich von Pöggstall ragen bizarre Mauertrümmer über die Häuserdächer.

Sie gehören zur Burg der Streitwieser, die hier um 1140 am linken Weitenbachufer einen Wohnturm errichteten. Die Streitwieser waren im frühen Österreich eine der angesehensten Adelsfamilien, verwandt mit einer Familie, die zum engsten Gefolge der Babenberger zählte. Einer dieser Familie war im Hofstaat der letzten Babenbergerin, Königin Margarethe, zu finden und stand an ihrem Sterbebett auf der Burg Krumau.

Die Burg Streitwiesen wurde wahrscheinlich beim Adelsaufstand gegen die Habsburger im Jahre 1296 teilweise zerstört und erst nach 1515 erweitert wieder aufgebaut. Nach dem Aussterben der Streitwieser im 14. Jahrhundert ging der Besitz durch vielerlei Hände, bis er 1697 an die Sinzendorfer kam. Sie vereinigten die Burg mit der Herrschaft Pöggstall, womit ihr langsamer Verfall begann.

Der Burgherr von Streitwiesen hatte zwei Söhne. Als sie älter waren, gerieten sie in Streit darüber, wer denn später Herr der Burg werden sollte. Um den Streit zu schlichten, ließ ihr Vater auf dem zweiten Hügel eine gleich große Burg errichten. Da waren die Söhne nun zufrieden, auch das andere Erbe wurde gerecht verteilt. Doch das Glück währte nicht lange. Dem einen Sohn gelang alles und er lebte sparsam, der andere jedoch war vom Pech verfolgt und lebte in Saus und Braus. Bald war seine Burg hoch verschuldet. Da konnte er seinen Hass nicht mehr zügeln und forderte den Bruder zum Zweikampf auf Leben und Tod. Auf der Wiese zwischen den Burgen sollte sich das Schicksal erfüllen, hier standen sie sich gegenüber. Dem Verschwender gelang es, dem Sparsamen den tödlichen Stoß zu versetzen, und er ließ einen wilden Siegesschrei zum Himmel gellen. Doch die Strafe Gottes ereilte den Prasser recht bald. Seine Burg versank mit ihm in der Tiefe. Seit diesem Tage ist er verdammt dazu, in Vollmondnächten auf seinem Rappen über die Wiese zu reiten, auf der er einst seinen Bruder getötet hatte.

So erhielt Streitwiesen seinen Namen.

RUINE THERNBERG
in der Buckligen Welt

Das unheimliche Felsennest

In einem stillen Seitental südöstlich von Seebenstein strecken sich auf einem steilen Waldhang oberhalb des Dorfes Thernberg bizarre Mauerreste in die Wolken.

Die uralte Felsenburg der Thernberger, damals Rodungsherren des Pittener Waldes, entstand um 1150 und wurde im Laufe der Jahrhunderte kaum verändert.

Im Jahre 1408 stritten die beiden Habsburger Brüder Leopold und Ernst um die Vormundschaft für den jungen Albrecht. Während Leopold es verstand, sich beim einfachen Volk beliebt zu machen und vor allem die Handwerker für sich zu gewinnen, hielt der Adel zu Ernst.

Konrad Vorlauf, zum zweiten Mal Bürgermeister von Wien, bekämpfte die Demonstrationen des einfachen Volkes, und als es zu Übergriffen kam, ließ er fünf Anführer, alles Handwerksmeister, öffentlich hinrichten. Damit hatte er Leopold und dessen Anhänger gegen sich. Als es schien, dass sich die beiden feindlichen Brüder endlich versöhnten, wurde eine Friedenskonferenz nach St. Pölten einberufen, zu der auch Vorlauf eingeladen wurde. Während seiner Heimreise nach Wien geriet der Bürgermeister bei Purkersdorf in einen Hinterhalt, einer seiner Begleiter wurde erstochen und er selbst bei Nacht und Nebel als Gefangener auf die Burg Thernberg gebracht. Es waren Vertraute Leopolds gewesen, die einen Überfall vorgetäuscht hatten, und erst gegen hohes Lösegeld durfte Vorlauf nach Wien zurückkehren. Hier erwartete ihn und seine Freunde jedoch nichts Gutes, denn das Volk klagte die Räte wegen ihrer Übergriffe bei Leopold, inzwischen alleiniger Machthaber, an.

Leopold nutzte die günstige Gelegenheit, einen unliebsamen Gegner loszuwerden, und ließ Vorlauf mitsamt seinen Räten verhaften. Einige Tage darauf wurde der Bürgermeister am Schweinemarkt enthauptet.

Ein Ulrich von Wallsee gilt als der treueste Rat des späteren Kaisers Albrecht II., dessen Vormundschaft Thema des Streits der Habsburger Brüder gewesen war. Vermutlich erhielt Ulrich die Burg Thernberg für seine Verdienste.

1542 gelangte die Burg in den Besitz der Thonradl, deren Familienmitglied Andre ein hitziger Draufgänger war, wenn es um die evangelische Sache ging. Am 5. Juni 1619 wollte er mit 50 weiteren protestantischen Adeligen in der Wiener Hofburg vom strengen Ferdinand II. Religionsfreiheit erzwingen. Sie weigerten sich, Ferdinand, der auf dem Weg zur Kaiserwahl war, als Herrscher anzuerkennen, wenn er ihre Petition nicht genehmigte. Sie drohten sogar mit dem Eingreifen von böhmischen Truppen und ihrem Verbündeten Graf Thurn. Auf Rat seines Hofgeistlichen blieb Ferdinand jedoch hart, denn die Unterschrift eines Monarchen hätte das Ende aller Ordnung in Österreich bedeutet. Wütend packte ihn darauf der Freiherr von Thonradl am Kragen und schrie: »Nandl gib dich! Willst unterschreiben oder nicht?« Der von allen Seiten bedrängte Ferdinand wusste keinen Ausweg mehr. In diesem Augenblick ertönten die Trompeten der Kürassiere unter Oberst Santhalier. Das kaisertreue Regiment war, als es von den Protesten erfahren hatte, im Eiltempo von Krems aufgebrochen, um seinen künftigen Kaiser rechtzeitig zu befreien. Das Unternehmen gelang, die evangelischen Herren zogen sich zurück.

Der letzte Versuch, Frieden zwischen den Konfessionen zu stiften, war gescheitert. Von nun an nahm der Dreißigjährige Krieg seinen unheilvollen Verlauf. Nach dem Sieg der Kaiserlichen wenige Jahre später werden die aufsässigen Protestanten geächtet und ihrer Güter verlustig erklärt.

Nicht jedoch bei den Thonradl, denn die saßen noch bis 1679 auf ihrer alten Felsenfeste.

Im Jahre 1724 ließ sich die Familie Menshengen unterhalb des Steilfelsens das »Neue Schloss« errichten, in das sich 1807 Erzherzog Johann, der nach seiner Heirat mit der Ausseer Postmeisterstochter Anna Plochl in Ungnade gefallen war, zurückzog. Hier legte er eine große Gemälde- und Büchersammlung an und feierte mit den Bewohnern des Tales fröhliche Feste.

Als er das Schloss 1828 verließ, schenkte er jedem Bauern eine Parzelle seines Waldes. Danach wurde Schloss Thernberg nie mehr bewohnt und nach Zerstörungen während des Zweiten Weltkrieges verfiel es endgültig. Geblieben sind düstere Mauern, die ich an einem nebelig kalten Novembertag aufsuche. Steil, nass und rutschig führt der Pfad hinauf zu den verwachsenen Mauerzügen, durch das alte Tor gelange ich mühsam ins Innere. Über Schutthalden, morsche Balken und Unkraut bahne ich mir einen Weg in den weiten Hof, in dem mächtige Buchen wachsen. Alte Fensterläden hängen schief herab, Steintreppen führen in dunkle Kellergewölbe und es herrscht Grabesstille. Mühsam klettere ich den Waldhang hinauf zur alten Ruine, wo sich der gewaltige, 25 Meter hohe Bergfried auftürmt. Drohend ragt er in den grauen Novemberhimmel.

Mit der Gewissheit, eine der beeindruckendsten und auch unheimlichsten Ruinen Österreichs besucht zu haben, mache ich mich auf den Heimweg.

SCHLOSSRUINE VIEHOFEN
bei St. Pölten

Von den Russen besetzt und geplündert

Als Jugendliche waren mein Bruder und ich von dem alten Gemäuer fasziniert und wir versuchten gelegentlich, auf ausgeklügelten Wegen ins feuchte Innere zu gelangen. Über die mächtigen Balken des eingestürzten Dachstuhles kamen wir auch in die finsteren Kellergewölbe und durch ein Fenster schließlich wieder ins Freie.

Viele Jahre später war die bizarre und markante Silhouette mit ihren Kaminen ein beliebtes Fotomotiv und es kam ein wenig Wehmut auf, als im Jahre 2003 mit den ersten Sanierungen begonnen wurde.

Dieses Gebiet um St. Pölten gehörte im 11. Jahrhundert dem Bistum Passau, das hier zur Sicherung seines Besitzes an dem Steilabfall über der Traisen eine Befestigung errichten ließ. Im Jahre 1137 sind die Herren von Viehofen erstmals erwähnt. Ulrich von Viehofen war ein Gefolgsmann Rudolf von Habsburgs und wurde um 1250 von König Ottokar hier in seiner Burg belagert.

Nach vielen Besitzerwechseln kam die mittlerweile zum Schloss ausgebaute Burg 1745 in den Besitz der Grafen Kuefstein, die es bis ins Jahr 2003 auch behielten.

Erstmals verwüstet wurde das Schloss während der Napoleonischen Kriege, doch die verheerendsten Auswirkungen brachte der Zweite Weltkrieg. Von 1945 bis 1955 war es von den Russen als Munitionsdepot und Auffanglager in Verwendung und vor ihrem Abzug wurde noch eifrig geplündert. Fenster und Türen wurden herausgerissen und verheizt, ebenso die Fußböden, die WC-Muscheln abtransportiert. Nachfolgende Sanierungspläne scheiterten an den Kosten und die Familie Kuefstein verlor das Interesse an dem Besitz. Wind und Wetter beschleunigten den Verfall und die unheimliche Schlossruine wurde zum Nistplatz für allerlei Getier – und für manche Kinder zum Abenteuerspielplatz.

SCHLOSS WALPERSDORF
bei Herzogenburg

Der Jörger, der treibt's immer ärger

Nordwestlich von Herzogenburg wird der kleine Ort Walpersdorf von seiner weitläufigen, dreitürmigen Schlossanlage beherrscht.

Ulrich von Ludmannsdorf begann hier 1572 die Burg des 12. Jahrhunderts zu einem prächtigen Feudalsitz auszubauen, der dann im Jahre 1576 von Helmhard III. von Jörger erworben wurde.

Jörger, einer der reichsten Edelleute seiner Zeit, war Führer der protestantischen Stände und wollte seinen zahlreichen Besitztümern in Niederösterreich Walpersdorf hinzufügen. Er ließ das Schloss weiter umbauen, gab ihm eine neue Fassade und errichtete auch den »Prangerhof« mit Wirtschaftsgebäuden. In der Gruft der von ihm erbauten Saalkirche wurde er 1590 in Harnisch und Küraß in einem Kupfersarg bestattet, mit Rapier, Dolch und Sporen in bester Vergoldung. Das Begräbnis kostete etwa so viel wie eine kleine Herrschaft.

Walpersdorf fiel an seinen Bruder Georg Wilhelm und 1617 an Helmhard den Jüngeren.

Helmhard war der Anführer der protestantischen Partei von Inzersdorf, die den katholischen Pfarrer Taber ermordet hatte. Die Mörder gingen dabei straffrei aus.

Jörger, der Kaiser Ferdinand II. die Huldigung verweigert hatte, wurde 1621 von Ferdinand festgenommen und im Jahre 1625 verlor er alle seine Güter.

Das Schloss kam an Eleonore Gonzaga, die Gattin Kaiser Ferdinands II., die Walpersdorf später als Witwensitz während der Sommermonate sehr schätzte.

1656 fiel die Hälfte des Besitzes an die Jörger zurück und eine der Töchter war mit dem Grafen Georg Ludwig Sinzendorf verheiratet, der im Schloss kurzzeitig seine Seidenfabrik unterbrachte. 1680 wurde er wegen Veruntreuung öffentlicher Gelder aller Ämter enthoben, außerdem wegen Falschmünzerei verhaftet. Er starb ein Jahr später.

Seine Gemahlin Elisabeth heiratete zehn Wochen nach seinem Tod den jungen Grafen Boussy-Rabutin. Wegen ihres ausschweifenden Lebenswandels mussten sie Walpersdorf im Jahre 1689 verkaufen.

Im 18. und 19. Jahrhundert war das Schloss im Besitz der Montecuccoli, der Colloredo-Wallsee und der Falkenhayn. Die Schwester des Moritz Graf Falkenhayn hinterließ 1956 die im Zweiten Weltkrieg schwer mitgenommene Herrschaft den Missionarsschwestern vom Orden »St. Petrus Claver«, denen Walpersdorf noch heute gehört.

Fährt man von Herzogenburg nach Walpersdorf, fällt der Blick auf ein östlich des Dorfes im Feld gelegenes Mauergeviert mit vier wuchtigen Türmen. Das waren der Turnierhof und die Fasanerie, die hier im 17. Jahrhundert entstanden sind. Heute werden die Türme privat genutzt.

Eine alte Steinbrücke führt über den ehemaligen Wassergraben durch das Tor hinein in den weiten Vorhof. Die verwitterten Fassaden mit den großen Fenstern werden von den mächtigen Türmen überragt und von den Gesimsen der Wohngebäude starren dämonische Steinfratzen herab. Über allem liegt eine schwermütige Atmosphäre, kein Laut ist zu hören. Nur im trockengelegten Wassergraben gackern ein paar Hühner, die hastig ins Gebüsch laufen, als ich dem Pfad folge, der mich auf die andere Seite des Schlosses führt.

Während ich mir vorsichtig den Weg durch die morastige Wiese bahne, erfrischt sich ein Stockentenpaar in einem der Restwassertümpel. Innerhalb der bröckelnden Umfassungsmauern erstreckt sich ein kleiner Park, der drohend vom dritten Schlossturm überragt wird. Ich komponiere ein Bild mit dem Schmiedeeisentor und denke dabei an den reichen Jörger, der hier ein prächtiges Anwesen schuf und über den die Leute reimten: »Der Jörger, der treibt's immer ärger!«

RUINE WEITENEGG
an der Donau

Der finstere Bergfried

Am linken Donauufer westlich von Melk bewacht die mächtige Ruine Weitenegg auf ihrem Steilfelsen den Zugang ins Weitental.

Das in der Mitte des 12. Jahrhunderts gegründete »Witenekke« gehörte mit der Schallaburg, der nicht mehr erhaltenen Burg Peilstein und einigen anderen Burgen zu der an der alten Melkgrenze zwischen Dunkelsteiner Wald und den Voralpenbergen angelegten Verteidigungslinie.

Nach vorübergehender Belehnung der Kuenringer fiel Weitenegg nach dem Aufstand Leutolds von Kuenring 1290 an die Habsburger zurück, welche die Burg danach nur noch mit Burggrafen besetzten.

Im Jahre 1452 wurde sie von den Melker Bürgern im Auftrag der niederösterreichischen Stände erobert und kam 1457 in die Gewalt des jungen Ladislaus Postumus. Die bis ins 17. Jahrhundert umfassend ausgebaute Feste hielt 1645 dem Schwedensturm stand, wurde bald darauf jedoch dem langsamen Verfall überlassen. 1832 stürzten Mauerteile zur Donau hin ab und um 1870 wurde der ursprünglich 36 Meter hohe Ostturm abgebrochen, um Baumaterial für eine Fabrik am Fuße des Burgfelsens zu gewinnen. Nach 1900 wurden erste Sicherungsarbeiten durchgeführt.

Fährt man vom Weitental hinaus zur Donau, überrascht einen der finster und drohend aufragende, fünfeckige Bergfried von Weitenegg. Ein ehrfurchtgebietender Anblick! Doch ich möchte an diesem herrlichen Maitag die Ruine von der anderen Seite ablichten und wandere am Emmersdorfer Altarm ans gegenüberliegende Ufer. Beherrschend überragen die alten Mauern aus dunklem Schiefergestein die wenigen Häuser. Der Wind bringt stetig neue Wolken heran, die sich mit der langgestreckten Feste im Wasser des Altarmes spiegeln – eine malerische Szenerie.

RUINE ZELKING
bei Matzleinsdorf

Gespenstische Mauern

»Zelking, das uralte Felsenschloss, war vor Zeiten der Sitz eines edlen, mächtigen und berühmten Geschlechts, von welchem viele ritterliche Vasallen abhingen. Christoph Wilhelm Freyherr von Zelking, der letzte seines Geschlechts, beschloss 1624 dieses berühmte Haus durch seinen Tod«. (Weiskern II)

Auf einem steilen Waldhügel oberhalb des Dorfes Zelking erhebt sich die mächtige Ruine weithin sichtbar über dem Melktal.

An einem nebeligen Herbsttag weist mir ein kleines Holzschild an einem der wenigen Häuser des Ortes den Weg hinauf in den Wald des Hiesberges. Durch einen Hohlweg gelange ich auf eine Forststraße, von nassem Herbstlaub bedeckt. Die kahlen Bäume werden von Nebelschwaden umhüllt und bald erkenne ich am Hügelhang die Mauern der Ruine – ein düsterer Anblick!

Das Schild »Betreten verboten: Einsturzgefahr« weckt Vorfreude in mir, weiß ich doch, unberührtes Gemäuer vorzufinden. Durch ein gut erhaltenes Tor in der mächtigen Palaswand gelange ich ins weitläufige und stark verwachsene Innere der Zelkinger Burg.

Die Zelkinger waren ein kunstsinniges Ministerialengeschlecht, welches Güter in ganz Österreich besaß. Ihre Burg entstand um 1100 und wurde im 16. Jahrhundert schlossartig ausgebaut, bis die Familie 1624 schließlich ausstarb.

Im Türkenjahr 1683 war das Burgschloss noch Zufluchtsort für die Bevölkerung, bevor es im 18. Jahrhundert für immer sich selbst überlassen wurde.

Während meiner Fotoarbeiten sind die Nebelschwaden wieder dichter geworden und bald zieht die Dämmerung herauf. Mir ist kalt …

Verwendete Literatur

Ausflugsziel Burgen, Heinz Gerstinger, 1998 – *Burgen und Schlösser in Niederösterreich*, Wilfried Bahnmüller, 2005 – *Burgen Waldviertel und Wachau*, Gerhard Reichhalter, 2001 – *Burgen Weinviertel*, Gerhard Reichhalter, 2005 – *Geisterschlösser in Österreich*, Christof Bieberger, 2004 – *Mystischer Wienerwald*, Wolfgang Kalchhauser, 1999 – *Österreichs Burgen*, Gerhard Stenzel, 1989 – *Sagenhafter Wienerwald*, Johannes Sachslehner, 2007 – *Steine und Sagen*, Ilse Schöndorfer, 1999 – *Traumschlösser*, Pia Maria Plechl, 1986 – *Von Burg zu Burg in Österreich*, Gerhard Stenzel, 1973 – *Von Schloss zu Schloss in Österreich*, Gerhard Stenzel, 1976 – *Waldviertel*, Johannes Sachslehner, 2002

GEDANKEN ZUR FOTOGRAFIE

Alles begann im Jahre 1990, als wir einen Bildband über Österreichs Burgen fanden und von den Fotos und den Objekten, die es noch zu entdecken gab, begeistert waren.

In unserer Freizeit begaben wir uns auf fotografische Erkundungstouren, wobei wir über viele Jahre nur Farbfotos machten. Erst im neuen Jahrtausend beschäftigten wir uns auch mit der Schwarz-Weiß-Fotografie und hier speziell mit der Infrarotfotografie, denn damit sind überaus stimmungsvolle Aufnahmen möglich. Mit ihrem ausgeprägten Korn erinnern die Fotos an die alten Stiche des 19. Jahrhunderts, und so ist der Infrarotfilm hervorragend für unser Bemühen geeignet, geheimnisvolle und mystische Bilder zu produzieren.

Die Infrarotfotografie bringt aber auch einige Schwierigkeiten mit sich: Die Filme sind nicht billig, der Kodakfilm (leider nicht mehr erhältlich) muss im Wechselsack in die Kamera ein- und ausgelegt werden, durch die dunklen Filter braucht man unbedingt ein Stativ (das in der anspruchsvollen Fotografie sowieso unentbehrlich ist), die Scharfstellung muss manuell erfolgen und etwas korrigiert werden und die Belichtung erfordert einige Erfahrung. Als Lohn für diese Mühen erhält man jedoch einzigartige Fotos.

Ein weiterer Grund für den Umstieg auf Schwarzweiß waren die schwierigen Situationen bei den Objekten selbst. Was uns in der langjährigen Beschäftigung mit der Burgen- und Ruinenfotografie alles vor die Linse kam, würde auch ein Buch füllen. Schal- und Ytongsteine, geschalte Betontürme, Kunststoff-Fenster, Glasdächer, Stahlgeländer, jede Menge Fahnenstangen, Scheinwerfer und dergleichen mehr. Bis zur Unkenntlichkeit »restaurierte« Ruinen und strahlend weiß getünchte Burgen und Schlösser können einem die Farbfotografie gründlich vermiesen. Vieles raubt auch in Schwarzweiß noch jegliche Stimmung, doch es wird damit »einfacher«. Vor allem möchten wir die digitale Verarbeitung am Computer nicht mehr missen, denn damit kann man störende Elemente wie z.B. parkende Autos vor den Toren leicht entfernen.

Mit den Jahren wird man immer anspruchsvoller und so ist uns heute beispielsweise ein spektakulärer Himmel besonders wichtig, denn er kann ein Foto ungemein aufwerten.

Oftmaliges Besuchen der Objekte ist daher erforderlich, aber mit der Zeit entwickelt man auch ein Gespür für günstiges Wetter. Oft haben wir Glück und es klappt sogar auf Anhieb!

Mit Freud und Leid betreiben wir unser Hobby in weiten Teilen Europas und freuen uns immer noch riesig, wenn wir alte Gemäuer entdecken, in denen das Unkraut wuchert, wo Bäume aus den Mauern wachsen. Ungesicherte Ruinen sind weit weniger gefahrvoll als oftmals angenommen, denn beim Besuch einiger tausend Objekte ist uns noch nie ein Stein auf den Kopf gefallen. Allerdings wagen wir auch keine waghalsigen Mutproben!

Uns ist schon klar, dass bei vielen Bauten sanierend eingegriffen werden sollte, doch sind hier oftmals Leute mit zu wenig Feingefühl am Werk, sodass von einer ursprünglich stimmungsvollen und romantischen Atmosphäre nichts mehr übrig bleibt.

Auf jeden Fall wünschen wir unseren Lesern viel Spaß beim Erkunden von alten Gemäuern und, wenn Sie fotografieren, gutes Licht!

Für jegliche Fragen stehen wir gerne zur Verfügung.
Kurt Satzer, Wienerstraße 14, 3130 Herzogenburg
www.satzer.at; andreas.satzer@tmo.at

Kurt & Andreas Satzer
GEHEIMNISVOLLE MAUERN
Niederösterreichs Burgen, Schlösser und Ruinen
herausgegeben von Richard Pils
ISBN 978-3-900000-13-4
© *Verlag* Bibliothek der Provinz
A-3970 Weitra, +43 (0) 28 56 / 37 94
www.bibliothekderprovinz.at